杨建荣 主编

SCIENTIFIC ELITE

科技精英

2

上海科学普及出版社

科技精英编辑委员会

顾　　问　陈凯先

主　　编　杨建荣

编辑委员　何建华　胡国强　赵　靖　王凡立　赵卫建
　　　　　江世亮　蒋惠雍　何继红

科技精英
创新争先

叶叔华
2017·8·12

科技铸就
创新事业

叶文华
2017·8·12

目录

01 | 卷首语 | 01

02 | 封面人物
见素抱朴的科学人生——访陈凯先院士 | 02

03 | 科技前沿
吾心飞翔 吾国振兴——走进刘大响院士的航空动力世界 | 09
山高人为峰——访人工智能领军人徐雷 | 15

04 | 精锐视野
钱锋：人工智能与工业化的深度融合 | 22

05 | 大师剪影
无机材料大师的有情人生 | 27

Contents

目录

06

精英荟萃

宁可迷失在探索中，也不走别人的老路
——记第十五届上海市科技精英廖世俊 | 32

让内分泌肿瘤无处遁形
——记第十五届上海市科技精英王卫庆 | 37

为了太空那"一吻"
——记"最美央企人"张崇峰 | 42

07

英才摇篮

"英才计划"成就你我"科学梦" | 48
链接：中学生科技创新后备人才培养计划简介 | 50

08

科普新说

《十万个为什么》——浇灌全民科普之花 | 51
链接：《十万个为什么》节目简介 | 52
科学"答"人来争霸 | 53
链接："上海公民科学素养知识竞赛"简介 | 54

目录

09 学会视点

砥砺前行 推进海洋科学技术创新
——访上海市船舶与海洋工程学会理事长邢文华 | 55
链接：上海市船舶与海洋工程学会简介 | 57

创新发展 让社会团体获得生机
——访上海市建筑学会理事长曹嘉明 | 58
链接：上海市建筑学会简介 | 60

10 镜头物语

2017 上海科博会掠影 | 61

11 历史长廊

上海科学会堂的前世今生（下）| 65

12 他山之石

桥梁·资源库·联络站——澳华科学技术协会 | 67

Contents

卷首语

文 / 杨建荣

党的十九大报告指出，要坚定实施科教兴国战略、人才强国战略、创新驱动发展战略，培养造就一大批具有国际水平的战略科技人才、科技领军人才、青年科技人才和高水平创新团队。作为创新发展先行者，上海正在建设具有全球影响力的科技创新中心，特别需要培养、引进一大批科技创新人才，着力在人才高地上建好人才高峰，为他们营造更有利于发挥才智的优越环境。

多来年，上海市科学技术协会和上海科技发展基金会为培育人才队伍做了大量工作，上海市科技精英评选就是其中的一大亮点。上海市科技精英奖设立于1989年，以"尊重知识、尊重人才，表彰奖励在推动科技进步和社会经济发展中作出突出贡献的本市中青年科技工作者"为宗旨，每两年评选一次，28年来已形成较为完善的人才发现、扶持和举荐机制。鉴于这种机制的科学和完善，上海市科技精英评选被列入上海市委、市政府《上海市中长期人才发展规划纲要（2010—2020年）》，作为上海实施高层次创新型科技人才开发计划之一。

从一项统计数据可以看出"科技精英"这一荣誉的含金量：截至目前，十五届上海市科技精英和提名奖获得者中已产生了67名两院院士。2017年上海新增两院院士13名，其中有9名为历届上海市科技精英。

最近，第十五届上海市科技精英评选揭晓，评选出科技精英10名、科技精英提名奖获得者10名。他们中有一名2017年被增选为中国科学院院士，即中国科学院上海药物研究所研究员岳建民。在《科技精英2》中，你会读到3名获奖者的专访报道——《宁可迷失在探索中，也不走别人的老路——记第十五届上海市科技精英廖世俊》《让内分泌肿瘤无处遁形——记第十五届上海市科技精英王卫庆》《为了太空那"一吻"——记"最美央企人"张崇峰》。这3篇报道展示了他们勇攀高峰的科研历程、忘我求索的科学精神、深邃隽永的人生感悟。

科技精英是广大科技工作者的榜样。近年来，上海市科学技术协会和上海科技发展基金会一直在改革评选机制，让候选人经得起国内外科技界的检验。本届评选在学术性方面，继续实行同行专家评议，并将以往的专业组材料寄审改为会议评审；在专业性方面，首次要求每个专业组均有2名院士参加；在国际性方面，邀请多名熟悉国际国内科技发展态势并获得发达国家科学院院士称号的专家参与；在全面性方面，继续邀请能全面把握全市科技工作、人才工作规律的领导干部参加，并倾听企业专家的评审意见。

"功以才成，业由才广。"上海要在2020年前形成科技创新中心基本框架体系，2030年形成科技创新中心的核心功能，必须聚天下英才而用之，让千里马竞相奔腾。上海市科技精英评选是发现、扶持高层次创新型科技人才的优质平台，我们会坚持推进这项工作并越做越好，让更多的千里马从这个平台上脱颖而出。

见素抱朴的科学人生
——访陈凯先院士

文／吴苡婷　摄影／季俊辉

> 如今，我国在新药研发领域已经是国际上技术比较先进的国家之一，寻找新药的步伐不断加快。以前可能筛选一万次也找不到一个好药，盲目性高；现在通过计算机的辅助设计新药，可能通过几百次实验就能找到有效的药物，效率大大提高。

采访陈凯先院士并不容易，各种科研项目的评审，各种学术会议的召集，他的日程经常安排得满满当当。但是一坐下来，谈起上海科学事业的发展以及自己对科学研究的感想，他的精神就会突然振奋起来，侃侃而谈。科学家的广阔思维和爱国激情让人不禁动容。

开启探索科学之旅

谈起自己的人生经历，陈凯先用了"偶然"这个词来描述。1962年，陈凯先从华东师范大学第一附属中学毕业，以优异的高考成绩进入第一志愿——复旦大学物理二系。但接到录取通知书的那一刻，他有点儿懵了，通知书上写着"物理二系放射化学专业"。陈凯先说，他从小热爱物理，从未听说过放射化学。询问母校老师，老师也不清楚，说既然设在物理二系下面，应该还是和物理有关的专业吧。直至新生入学报到后他才明白，当时的复旦大学物理二系设立了两个专业，一个是核物理，另一个是放射化学，目的是为我国原子能事业培养急需的人才。就这样，陈凯先"误打误撞"走进了化学领域。

1978年，"文化大革命"后第一批研究生开始招生，陈凯先报考了心仪已久的中国科学院上海药物研究所。十余年的坚持学习和工作积累，让他顺利考上研究生，师从嵇汝运院士学习药物化学。苦读六年又半载，陈凯先顺利获得了理学硕士和博士学位。1985年春天，他被公派赴法国巴黎生物物理化学研究所进行访问研究。四年后，法国导师 B.Pullman 教授诚挚地邀请他留下来工作，陈凯先婉言谢绝了，回到了日夜思念的祖国。

陈凯先说，初到中国科学院上海药物所时自己就像是一张白纸，对于药物的理解很肤浅，基础很薄弱。恩师嵇汝运院士把他一步步引上了新药研究之路。以往的药物研究完全是依靠经验和实验的尝试，首先要合成大量的化合物，或者从天然资源中分离提取各种各样的化学物质，建立体外或者动物的模型进行试验，观察有没有效果，有没有毒性。这种盲目和随机的药物筛选方法，周期长、成本高、效率低下。

"以前人们是在偶然中寻找新药，花费巨大的人力物力，筛选了成千上万种化合物，很可能一个都不成功。在人类历史上，一些重要的药物往往都是通过偶然的机会发现的，比如青霉素。在很长时间内，人们没有办法进行理性的新药发现、甚至药物设计的研究。"陈凯先说。

20世纪六七十年代，国际药物领域的新发展模式兴起。科学整体的发展和进步催生了药物构效关系与理性药物设计研究。量子力学和量子化学的发展，使得分子之间的相互作用可以用计算机进行理论计算和分子模拟；分子生物学的发展使得基于生物大分子靶点的药物筛选得以实现。

于是，根据生物大分子靶点（蛋白质、酶、受体和核酸等）的结构和功能来设计相应的药物，并通过计算机进行模拟研究和分析的新领域蓬勃发展起来。

陈凯先进一步解释说，这样的科学巨变让人类产生一个设想，做衣服可以进行服装设计，盖房子可以进行建筑设计，药物是不是也可以设计？以前寻找新药科学家是拿一大把钥匙去开锁，也许试着试着就有一把钥匙正好能打开大门，但也许试了一大把钥匙也没有一把可用。现在，科学家开始研究锁的结构，为了打开这扇门专门定制一把钥匙。

当时的中国，这个药物研究新领域还处于空白阶段。吉林大学唐敖庆院士是"中国量子化学之父"，是引领我国量子化学发展的著名科学家。陈凯先考取药物所研究生不久，导师嵇汝运先生就让他去跟随唐敖庆院士，在吉林大学学习了整整一年半。

陈凯先回忆道，那段时间集中学习了数学、

▼ 查阅药物化学权威著作

量子力学和量子化学等许多课程。学习数学是为了学习量子力学，学习量子力学是为了学习量子化学，学习了量子化学就可以用于药物设计。可是现实的情况却没有这么简单，量子化学的计算非常复杂，计算量非常大，要完成一个药物和靶标生物大分子相互作用的计算和模拟，就可能需要百万次、千万次的计算。而我国当时的基础条件很薄弱，没有好的计算机，也没有先进的计算程序，药物设计研究的起步非常艰难。

陈凯先想方设法地把学到的知识运用到药物研究中，刻苦钻研，努力探索，不断克服困难，在药物分子设计、计算机辅助新药发现领域不断取得进展，推动了我国药物设计领域的发展和提高。

如今，我国在新药研发领域已经是国际上技术比较先进的国家之一，寻找新药的步伐不断加快。以前可能筛选一万次也找不到一个好药，盲目性高；现在通过计算机的辅助设计新药，可能通过几百次实验就能找到有效的药物，效率大大提高。

▼ 陈凯先悉心指导年轻研究员

日新月异的新药研发

前不久记者去奉贤区采访院士专家工作站时得知，位于奉贤东方美谷的上海凯宝药业股份有限公司正在与王峥涛、王伯初教授等专家合作，开展人工培育熊胆粉项目研究。而陈凯先院士正是这项研究工作的积极组织者和推动者。这引起了记者的好奇。

陈凯先告诉记者，传统中医药学认为熊胆汁有清热解毒、活血化瘀、疏肝利胆、杀虫止血的功效，是一味重要的中药。历来熊胆汁都是依靠"杀熊取胆"，后来又发展了"养熊取汁"的方法。2012年归真堂活熊取胆汁事件在全国引发了巨大争议。寻找和开发替代品成为中药领域的紧迫课题。人工麝香、人工牛黄等产品研发的成功经验提供了借鉴。

"我们选择了禽胆汁作为起始原料，用生物酶将鹅去氧胆酸转化成熊胆粉中的主要成分——熊去氧胆酸。目前实验结果显示，研究工作已经取得重大突破。"陈凯先说。

对于中国的新药研发，陈凯先充满了信心。他介绍说，全国生物医药产业发展很快，近年来国内相继研发成功了一些具有一定国际影响力的

新药，比如我国第一个靶向的抗肺癌药物"盐酸埃克替尼"，这是一种以表皮生长因子受体激酶为靶标的靶向抗癌新药，由我国科学工作者和肿瘤临床专家经历八年时间研制而成，其第一个适应症是晚期非小细胞肺癌；此外，还有我国第一个基于表观遗传调控作用机制的抗肿瘤药物西达本胺、国际上第一个治疗晚期胃癌的靶向药物艾坦（阿帕替尼）。这些都是中国近年来新药研发的标志性案例。

就上海而言，目前进入一期、二期、三期临床的新药数量也有很多。陈凯先重点提到了一个被寄予厚望的新药，它有望成为治疗阿尔茨海默病的新药。

陈凯先介绍说，二三十年来，全球的科学家都在研究阿尔茨海默病药物，尽管其致病原理已有很多发现，但是药物研发历程却是个"大坑"。迄今为止，一大批阿尔茨海默病药物的临床试验均宣告失败。现实就是如此无情。

令人惊喜的是，目前中科院上海药物所研发的新药971展示了很好的前景。陈凯先告诉记者，研究人员从海洋天然生物中提取的一种寡糖，经研究发现，它对于治疗阿尔茨海默病有很好的作用。目前二期临床已经完成，三期临床正常进行。经过二期临床对250多名患者的研究，结果令人鼓舞；该药作用机制的研究也取得了重要成果。如果2018年三期临床顺利完成，这将是一个具有重要价值的突破。在全世界对治疗阿尔茨海默病新药研究还处于一片茫然的时候，这个新药如果能够成功，将会让世界为之振奋。

为上海科创中心建设贡献智慧

2011年11月，陈凯先当选上海市科学技术协会（简称上海市科协）第九届委员会主席。之后他的人生就不仅仅局限于科学研究。

上海市科协担当起智库的责任，围绕上海市委、市政府的重点战略决策，组织上海的科技工作者建言献策，做好战略研究工作。品牌学术活动如上海市科协学术年会，中国国际工业博览会科技论坛、院士圆桌会议、长三角科技论坛等，其议题直接面向上海经济发展、产业结构调整和重大工程建设。

▲ 谈及中国的新药研发，陈凯先充满信心

围绕上海建设具有全球影响力的科技创新中心的国家战略，上海市科协围绕大数据、智慧城市、先进制造等先后召开了多次会议，很多著名科学家，如叶叔华、沈文庆、汪品先、翁史烈等都发表了很多很好的意见和建议，陈凯先本人也提出了一些重要建议和意见。这些意见和建议汇总后都呈报给上海市政府，为政府的重大决策提供了依据。值得一提的是，聚焦科创中心建设，陈凯先在《解放日报》上发表《要有领跑者的自信，不要总追热点》的署名文章，引发社会各界深入讨论。

学科交叉，促进自然科学和社会科学的联合是上海市科协历来关注的重点。在上海市科协第十五届学术年会期间，2004年诺贝尔物理学奖获得者弗兰克·维尔切克、2009年诺贝尔化学奖获得者托马斯·施泰茨，以及国内外院士专家集聚一堂，在上海科学会堂交流前沿科技信息，弘扬科学精神；120多个市级学会和有关区科协参与各类学术活动达150余项，参与科技人员达3万多人次。陈凯先指出，通过这些活动，科技工作者的思维得以拓展，科技团体的社会影响力有所提高，老百姓对于科学的关注度也有所提升，从一个侧面为上海建设具有全球影响力的科技创新中心助力。

▲ 上海市科学技术协会第九届委员会主席陈凯先

科技精英

近些年来，上海市科协在上海公民科学素质建设上大力投入。倡导"全员、全程、全时空"的科普理念，呼吁发动社会各方面力量，搭建各类科普活动平台和载体。近年来，上海市科协举办了上海国际科普产品博览会、上海市"全国科普日"活动、公民科学素质"百家示范单位和百个示范项目"创建活动、科普进地铁三年行动计划、社区科普大学建设等一系列品牌活动，大力提升上海市民的科学素质，社会效益和影响力不断提升。

让陈凯先最为骄傲的是，上海青少年的科技创新表现突出。他告诉记者，上海市科协每年都举行上海市青少年科技创新大赛，引导青少年热爱科学，弘扬科学精神，培养科学的后备军。在全国青少年科技创新大赛和国际青少年科技赛事中，上海青少年每年都有优秀表现，曾多次代表国家参加国际大赛得奖。

在科技人才奖励和支持方面，上海市科协设置了"上海市科技精英""上海青年科技英才""飞翔计划""晨光计划"等多个项目，陈凯先多次主持并参与了项目评审。他说，近年来上海的科技工作者对于"科技精英"和"青年科技英才"两个不同年龄段的评选越来越重视，报名越来越踊跃，水平越来越高。作为评委之一，他认为既要坚持和突出学术导向，注重候选人的学术水准和业界影响力，还要发动社会力量来参与、支持、推荐和监督。

在上海市科协党组的带领下，科协各个层面不懈努力，以做好人才举荐、表彰为契机，使更多的科技英才脱颖而出，营造有利于创新创业的社会氛围。在上海市科协评选出来的历届"科技精英"和提名奖获得者中，已有67名成为两院院士，成为推动上海市，乃至全国科技进步、创新发展的重要力量。陈凯先自豪地说："这些成绩的取得，第一说明我们努力推动了上海科技人才的培养；第二说明我们评选的标准还是很准确、很严格的。"

科学界公认的伯乐

陈凯先是科学界公认的伯乐，他培养了一批优秀的科研人才。第八届"中国青年女科学家奖"得主柳红是陈凯先关心、培养的众多青年人才中的一位。最值得一提的是如今担任中科院上海药物所所长的蒋华良院士。蒋华良院士通过生物学、化学和计算科学等多学科的交叉，开展原创药物研究新策略与新方法、先导化合物发现和优化、药物靶标调控机制等研究。他还发展了一系列靶标发现和药物设计新方法，被国际同行高度重视和应用，推动我国该领域研究水平进入国际前沿。

回忆起蒋华良的成长历程，陈凯先说，自己的培养秘诀是放手和鼓励。当时蒋华良考取了嵇汝运院士的博士，因为导师年事已高，陈凯先就作为副导师帮着嵇汝运院士培养学生。通过观察，陈凯先发现蒋华良在业务上有很高的才能，就尽量给他创造条件，支持他晋升职称，支持他担任研究室主任。这些工作为蒋华良之后担任国家973项目首席科学家奠定了良好的基础。

在陈凯先担任上海药物所所长期间，推动引进了不少青年人才。如今，他们也都成为了科研骨干。陈凯先说，有一年上海药物所在药学这一个学科有4位研究员获得了国家杰出青年科学基金资助，这在全国都非常罕见。

陈凯先至今还记得当时引进李亚平教授时的情景，"以前上海药物所没有药物制剂学的科研方向，也没有制剂方面的研究人才。随着科技的发展，制剂的技术方法越来越先进，基础研究越来越前沿。口服的药片可以做成缓释、控释、长效片等，以提高药效、降低不良反应。我们意识到，制剂的研究是药物发展的一个非常重要的环节。在这个时候，我们引进了李亚平。他现在是中国制剂方面的重要带头人，也是国家杰出青年科学基金的获得者。"

在担任上海中医药大学校长期间，陈凯先也扶助和培养了一批优秀的科研人才。他们中间有被评为上海市科技精英的王拥军教授，还有我国首位推拿专业的国家杰出青年科学基金获得者房敏等。

作为一名长者，陈凯先有很多切身体会："领导干部不能计较个人得失，要善于发现人才、培养人才，给他们创造发展的机会，形成通力合作、积极向上之风，养成欣欣向荣、繁荣发展之气。"

以发展的眼光看待中医

一段时间以来，社会上、网络上常可听到少数人贬低、抹黑中医的言论，有的甚至把中医说成是伪科学。作为一名药物学家和曾经的上海中医药大学校长，陈凯先对此颇不赞成，认为这种观点既不符合科学的理性思考，也不符合千百年来医学发展的历史和实践。

探索细胞奥秘 ▲

专注投入于新药研发 ▼

其实，对中医药的偏见由来已久，西学东渐之后，以余岩为代表的一批人在20世纪20年代就曾经主张取消中医。但是多数学习了现代科技的留学人员坚持主张中西医是可以融合互通的。

目前中医药发展具备良好的社会环境。我国历任国家领导人都非常重视推动中医药的发展。陈凯先介绍说，习近平总书记对中医药发展作出了一系列非常深刻的论述，指出中医药学是打开中华文明宝库的钥匙，把中医药发展提高到提升国家软实力的高度。屠呦呦教授获得诺贝尔生理学或医学奖，也进一步引发了民众对于中医药的极大热情。

如今，完全否定中医药科学性的言论其市场在不断缩小。但是陈凯先认为，中医药的发展不会一片坦途。其中既有来自外部因素的影响，也有中医界内部需要注意的问题。陈凯先说，空谈理念而不去结合实际进行扎实科学研究的态度是不可取的。哲学可以指导、但是不能替代自然科学和社会科学。中医药是我们的先人长期积累的科学宝库，没有中医药领域的先驱在针灸领域一个个穴位的探索积累，没有李时珍爬山涉水对药材进行细致的研究和实践，就不会留下如此丰富的医学宝库。

中、西医各有优势和特点，也各有自己的不足，应当打破壁垒，优势互补，才能促进医学的繁荣发展，推动中西医统一的新医学的建立。在临床实践中，医生碰到复杂的病例，就需要综合性地诊断和治疗，不管是中医还是西医，都可以发挥作用。陈凯先认为，用发展的、全面的眼光看待中医药的发展，加强中西医融合互鉴，我们就一定能迎来中医药传承和创新发展的新局面。

在这样的思想指导下，陈凯先在担任中国中西医结合学会会长和上海中医药大学校长期间，做了大量的工作，组织实施了多项中医药"973"、国家科技支撑计划等重点项目的研究，推动了中医诊疗设备的研发、针刺麻醉原理和应用的研究，为中医药现代化和国际化作出了贡献。

陈凯先：药物学家，中国科学院院士，上海市科学技术协会第九届委员会主席。

吾心飞翔 吾国振兴
——走进刘大响院士的航空动力世界

文／董纯蕾

> 刘大响的名字，在中国航空界颇为响亮，这不仅仅因为他是中国航空动力界的第一批院士；也不仅仅因为他是"亚洲第一台"——高空台的主要技术负责人，曾获得国家科技进步奖特等奖；更重要的是他几十年如一日，怀着对祖国航空动力事业的挚爱并为之奋斗不息的精神以及苦苦求索所取得的突出业绩。

尽管没有翅膀，但人类的飞翔之梦从未停止过，千百年来人们都在不断探索各种飞行器如何飞得更高、更快、更远、更安全、更平稳……

刘大响的名字，在中国航空界颇为响亮，这不仅仅因为他是中国航空动力界的第一批院士；也不仅仅因为他是"亚洲第一台"——高空台的主要技术负责人，曾获得国家科技进步奖特等奖；更重要的是他几十年如一日，怀着对祖国航空动力事业的挚爱并为之奋斗不息的精神以及苦苦求索所取得的突出业绩。

航空发动机，在刘院士的工作和生活中始终都是关键词。他曾出版过一部回忆录——《我心飞翔》。于他，心之飞翔，国之振兴。读过此书的人都无不为他"诚信、勤奋、团结、奉献"的敬业精神所感动。

爱上航空："先结婚，后恋爱"

"我搞了一辈子航空发动机，但老实说，并不是从小就立志'航空报国'的。那时候我一心想搞发电，想为国家电气化、工业化建设出点力。"刘大响坦言。

有一天，父亲告诉刘大响，组织上要推荐他报考北京航空学院（以下简称"北航"）。刘大响欣然接受了组织的推荐。1955年8月底，第一次跨进北航大门，醒目的横幅让刘大响振奋无比，

▲ 2008年10月，参加"百名院士沈阳行"时刘大响与夫人合影

终生难忘："欢迎您，未来的红色航空工程师！"那年十一，他第一次参加国庆游行，经过天安门时，仰望城楼上的毛主席和中央领导，心潮澎湃，热泪盈眶。从那时起，他便对国家富强、民族振兴充满了期待——关于未来的种种遥想，情不自禁地一遍遍出现在脑海中，让他的学习和生活动力满满。

后来学校将他分配到发动机系设计专业，刘大响与航空发动机一辈子的不解之缘就此开始。之后，北航新增了两个绝密专业，一个是火箭专业，一个是学冲压发动机的，叫33A专业。他被选上了33A。"一切服从组织安排，党的需要就是我的志愿。"刘大响说，读大学之前对航空发动机完全不了解，既然服从分配，就老老实实地学、认认真真地干，就这样一干就是六十多年。

"对于航空，特别是航空发动机，可以说是'先结婚、后恋爱'，但我爱得很深沉、很执着，从来没有后悔过。"刘大响说。

稳扎稳打：参研涡喷7甲发动机

大学毕业后，刘大响曾免试留校攻读副博士研究生，但因身体原因而提前结业，在分配工作时被原国防科委机关"相中"。一名中校找他谈话征求意见时说："国防科委就在北海边上，站在办公室窗前就可以看到北海。为了将来工作的需要，我们还准备先送你去读一年英语。"刘大响却表示："服从组织的分配和安排，但如果有可能，我最希望的还是到科研生产第一线去搞技术工作。"就这样，1962年3月底，他奔赴条件相对艰苦的沈阳六院二所（后来习惯叫沈阳606研究所）报到。

沈阳606所创建于1961年，位于东塔机场旁，飞机噪声自然小不了。他们住的宿舍大部分是日伪时期建造的平房，房间用秸秆涂上白灰就是隔断墙了，隔壁房间小声说话都能听得一清二楚。正是在那里，刘大响开始了与飞机"心脏"——航空发动机实打实的亲密接触。在那段激情燃烧的岁月里，他积极参与六院组织的"摸透米格-21"科研工作，"摸着石头过河"。在北航学的是冲压发动机，干的却是涡轮发动机，刘大响找来许多书籍，从原理开始逐章逐段地学，不懂就向同事请教，每天晚上都学到十点来钟，笔记记了厚厚两大本。

在刘大响从事的航空动力生涯中，第一次参与设计的"作品"是涡喷7甲发动机。1964年，沈阳601所开始自主研制歼8飞机，初步选定两台俄制米格-21飞机发动机（中国编号为涡喷7）。为了摸清发动机在部队的使用情况和问题，刘大响随团到空军某师调研，部队官兵强烈希望增大发动机的非加力状态推力，以解决"飞机腿短"问题。回所后，他负责起草调研报告并提出建议。

▼ 刘大响、吴大观（左2）在英国罗·罗公司高空台测试间

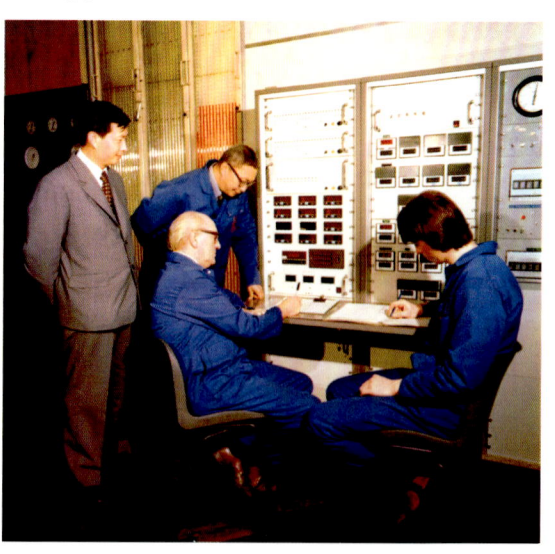

为实现这一目标，必须提高涡轮前燃气温度 100 C 以上，但以当时的材料水平，必须采用气冷空心涡轮叶片，而这正是当时只有美、英两国掌握且对我国严密封锁的尖端技术。为此，所里成立了"涡喷 7 甲发动机设计研究室"。

为了帮助部队掌握新飞机及发动机的使用特点，并进一步摸清部队指战员对涡喷 7 发动机的改进要求，刘大响奉命率领 3 名技术人员再次到某师"蹲点"，长达近半年时间，撰写了 13 份技术报告。在全所千人大会上，刘大响作为代表汇报，介绍了空军飞行员的英雄事迹、部队的调研情况、发动机存在的问题，再次肯定了涡喷 7 甲发动机技术方案的正确性、必要性和紧迫性，坚定了研制的信心。

涡喷 7 甲发动机第一次开车试验时，由时任研究室代理副主任的刘大响在现场指挥。尽管做了万全准备，安全监控参数也很正常，但他的心始终悬在嗓子眼里，他说："正因为提高了 100 C，我才能第一次看见如此红彤彤的发动机啊！"几年之后，带气冷空心涡轮叶片的涡喷 7 甲发动机研制取得了里程碑式的胜利。

1975 至 1976 年，已调往 624 所工作并担任高空台设计室副主任的刘大响，又带领 20 多人长驻北京，借用北京的暂冲式高空台，主持完成了涡喷 7 甲/乙发动机的高空模拟试验，为歼八 II 飞机定型作出了贡献。

为了支援三线建设，1970 年刘大响与 308 名同事一起，奉命从繁华的沈阳打起背包，来到大西南的深山峡谷之中。他 33 岁走进山沟，一待就是三十载，最终建成了一个现代化的发动机研究所和全国最大的航空发动机试验研究基地。

为国争光：万人奋战高空台

早在 1964 年 2 月，聂荣臻元帅批示："要抓紧空气动力中心和高空模拟试车台的建设，如再迟迟不动，将来势必造成大的被动。"

航空发动机高空模拟试车台简称高空台，指

2003 年 3 月，刘大响在第十届全国人民代表大会选举国家领导人时投下庄严的一票 ▲

与航天英雄杨利伟（右）在一起 ▼

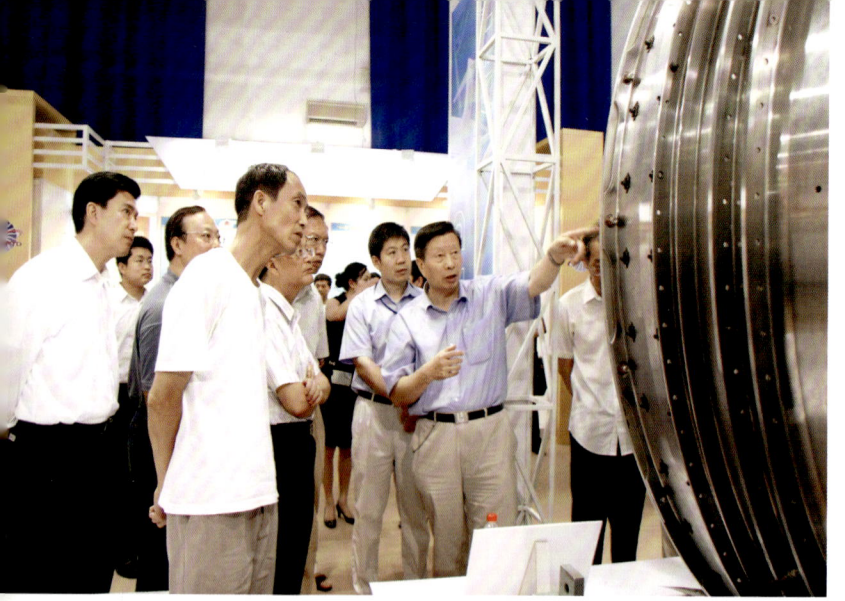

▲ 刘大响向国家大飞机论证专家介绍大涵道比涡扇发动机研制进展情况

的是在地面上模拟飞机在整个飞行包线范围内的各种飞行状态和环境条件，对发动机进行试验的大型地面试验设备群，这是独立自主研制新型航空发动机不可或缺的重要试验手段。由于高空台具有试验范围广、功能强、效率高、风险小、状态可重复、不受天气限制等许多特点，世界发达国家不惜花巨资投入。20世纪60年代后，发达国家所研制的各种先进军民用发动机，无一例外地都是从高空台"飞上"蓝天的。

20世纪70年代中期，我国决定引进英国罗·罗公司斯贝MK202发动机专利进行生产。1979年，刘大响担任国产斯贝发动机高空台考核试验小组组长，并奉命到罗·罗公司工作半年。他抓住这个难得的机遇，组织试验人员对罗·罗公司高空台进行全面摸底，回国后撰写了近百万字的资料，为我国高空台的建设、调试和试验提供了宝贵的参考。

正当刘大响与同事们摩拳擦掌准备大干一场时，却遇到了1981年国民经济大调整，高空台被列为"缓建项目"，经费大幅度削减，高空台设计室技术人员也从原来的128人锐减至60余人。当时，一期工程主体设备已安装完毕，但还留下许多收尾工作，专业安装公司奉命撤离现场，如果就此放弃，十几年的辛苦就有可能变成一堆"废铜烂铁"。

面对高空台缓建、经费锐减、人心动荡的严峻形势，作为研究室主任的刘大响没有气馁，成立高空台"收尾安装队"，自己动手，不等不靠，缓而不停。提出"高空模拟试验技术研究"和"高空台一期工程直接排大气总体性能调试"两个课题研究论证报告，得到上级领导机关的支持，争取到少量科研经费。他组织全室职工，既当技术员又当工人，边收尾、边研究、边调试，硬是将缓建的3年变成了热火朝天搞科研调试的3年，把在英国学到的先进技术应用到中国的高空台上。

1986年，刘大响担任624所总工程师，全面主持高空台建设和调试的技术领导工作。当年用涡喷7发动机成功完成了高空台直接排大气调试，使一期工程提前8年投入使用，为二期工程的上马创造了条件。经过近万名建设者30年的艰苦努力，1995年，高空台通过国家验收并投入使用，其试验技术和测试精度达到世界同类设备先进水平，被评为"国家十大科技成就奖"。我国成为继美、俄、英、法之后第五个拥有此类大型试验设备的国家。

1997年，高空台项目荣获国家科技进步奖特等奖，12月27日在人民大会堂举行隆重的颁奖典礼。这天傍晚，624所的职工早早聚集在电视机旁，看到中央领导亲切接见焦天佑所长和刘大响总工程师时，他们热泪盈眶："30多年的苦，总算没有白吃！"

自主创新：主持完成中推核心机研制

1980年，我国第一个按系统工程管理的大型预研项目——高性能推进系统工程预先研究（以下简称"高推预研"）启动。在前任总工程师的主持下，5年内完成63个重大课题研究，取得开创性的突出贡献。1986年，刘大响接任624所总工程师并兼任高推预研总工程师。此时正值624所最困难的时期，外界对高推预研也提出不少质疑，甚至有人说"高推预研只是一堆废纸"，应立即叫停。

临危受命，当上总师后，刘大响深知肩负的重任。他面临的第一个尖锐问题就是高推预研要不要坚持下去、能不能坚持下去、如何坚持下去，一种无形的巨大压力袭上心头。但刘大响并没有退缩，与老科技骨干促膝谈心，走访兄弟单位，虚心听取意见，商讨高推预研成果的推广应用。经过反复酝酿和思考，他大胆提出"在高推预研基础上开展三大部件和核心机研制"的重大建议，多次往返北京向各级领导和机关汇报，终于得到航空航天部林宗棠部长等领导的大力支持。

1990年，七级高压压气机攻关取得重大突破，1991年中推核心机研制正式立项，刘大响先后被任命为该项目的总设计师和第一总设计师。他抽调了一批科技骨干，组织精兵强将，成立了"中推核心机设计室"。当时许多同志每天加班到深夜，连司机、炊事员、幼儿园阿姨也都主动请缨，要为中推研制献一份力。这些都令刘大响十分感动。

由于核心机地面台和高空台试验在国内都是第一次进行，全靠摸索前进。尤其是模拟风扇出口状态在真实负荷条件下进行核心机加温加压试验时，国外有专用的核心机试车台，而我们则不得不用庞大而复杂的高空台代替，况且此时的高空台尚未完成调试，其难度之大、风险之高可想而知。每次高空台试验，有200多名试验人员分布在十几个厂房的不同岗位上，任何一个岗位和环节出了问题，后果则不堪设想。刘大响深知其中的巨大风险，但他不负众望，勇挑重担，担任试验现场技术总指挥，使试验有条不紊地进行。

经过七百多个日日夜夜，核心机各项试验获得成功，后来许多参与试验工作的同志深有感触地说："没有刘总在试验现场的果断决策和正确指挥，核心机试验不会如此顺利！"但刘大响在回忆时，却有些后怕。他说，那段时间吃不香、睡不稳，时时刻刻都在考虑技术关键和风险问题。表面上镇定自若、胸有成竹，主要还是为了稳定军心、增强信心。

十年磨一剑。中推核心机研制成功，1996年荣获国家科技进步奖二等奖。这是十年高推预研成果的结晶，也是身处深山老林中的几千名职工艰苦奋斗、团结拼搏、无私奉献的硕果。

1995年，刘大响荣获全国先进工作者光荣称号，并当选为中国工程院院士。但他并未因此而停滞不前，而是把目光放得更远。他领衔担任了新一代高性能航空发动机关键技术研究的技术负责人，这是一个跨世纪的国防科技重大预先研究项目。在其主持下，完成了总体方案顶层设计、关键技术分解和有关课题研究，不失时机地开展了对俄科技合作的谈判、签约，许多重大课题均取得显著进展。有关厂所、院校的上千名专家、教授，组成了宏大的航空发动机预研"国家队"，朝着更高的目标进军。

壮心不已：不用扬鞭自奋蹄

2000年9月，刘大响从四川624所调到北京，担任中国航空工业第一集团公司科技委副主任，进入中国航空工业的决策支持系统。与此同时，他还是北航的教授、博士生导师，还有多项社会兼职工作。2003年，又当选为第十届全国人大代表和人大常委会委员。这使他有更多机会、更广

▼ 2001年，刘大响接受俄罗斯科学院荣誉博士学位

▲ 2004年4月，刘大响在湖南祁东一中给同学们签名留念

泛地接触到中央领导机关和专业领域，这是他航空科研生涯中的第三个重要里程碑。

如果要用一句话概括刘大响的航空奋斗史，那就是一个目标：打好基础，根治我国飞机"心脏病"。不忘初心，牢记使命，他最常挂在嘴边的话便是：航空发动机是飞机的"心脏"，是"皇冠上的珠宝"，是国家重要的战略性新兴产业，我们的飞机得了"心脏病"，一定要抓紧治好，刻不容缓。

大飞机是中国人的又一强国梦。值得一提的是，C919和运20的上马也有刘大响等老一代航空专家的功劳。从2001年起，刘大响就积极参与了王大珩、师昌绪、顾诵芬等院士联名上书中央的工作，并四度呼吁要研制中国自己的大飞机。最终，大飞机科技工程被列入国家16大专项之一，航天人终于如愿以偿。

航空发动机是飞机的"心脏"，国之重器。为加快航空发动机自主研制而"鼓与呼"，他就更加执着了。早在1999年，刘大响便撰写了题为《加速发展我国航空发动机的思考——危机、反思和建议》的报告，由中国工程院呈报中央有关领导和部委机关参考。同年，他在中国工程院申报了一项咨询课题"中国航空发动机的发展战略研究"，由12名院士和18名专家慎重签名，将"关于加速发展我国航空动力的建议"上报中央领导。

2001年，由国防科工委主持开展"航空推进技术验证计划"研究工作，该计划定位于打基础、建体系、突破关键、提高自主创新能力。该计划实施15年来，取得多项重大成果。2011年，刘大响和徐建中院士又协助92岁高龄的师昌绪院士主持完成了中国科学院和中国工程院联合开展的"航空发动及燃气轮机重大科技专项"的咨询研究论证工作，得到中央领导高度评价和支持，如今"两机"已被列为新的国家重大科技专项之一。2016年8月18日，还单独成立了中国航空发动机集团公司，这是党中央在新时代的具有重大意义的战略决策。

刘大响激动地说，"两机"重大专项发展的目标是：在党中央和国务院的坚强领导下，举全国之力，通过二三十年的努力，坚定不移地走独立自主的发展道路，进一步夯实基础，突破关键，跨上三个技术台阶，形成自主创新的研发能力、材料和制造的支撑能力和科学试验的保障能力，实现第三、第四代主战飞机和C919干线客机动力的自主保障，完成从"跟踪研仿到自主研制"，从"航空动力大国到动力强国"的战略转变。到2030年左右，我国将跻身于世界航空动力强国之列。此番话语饱含着刘大响对"两机专项"的满满信心和期待。

刘大响是大型飞机和航空发动机两个国家重大专项的专家委员会成员，肩上担子不轻。如今的他已八十高龄，但为了根治飞机"心脏病"，依然壮心不已、四处奔波。

他深情地说："我对中国航空发动机事业充满着信心和希望。为了使国产飞机都装上健康强劲的'中国心'，早日翱翔蓝天，我愿在有生之年贡献个人的一点微薄之力，直到自己的生命之光熄灭为止！"

是的，心之飞翔，国之振兴。吾心飞翔，吾国振兴。

刘大响：航空动力工程专家，中国工程院院士，中国航空工业第一集团公司科技委副主任。

山高人为峰
——访人工智能领军人徐雷

文 / 吴跃伟

> 徐雷说，一个学者无论多么出色，其实都是站在属于他的一座山上，那就是他的国家。山高人为峰。徐雷表示，他将与他的团队一起努力，把中国人工智能研究这座山垫得更高一些。那时候，任何一个人站上去，都是一座高峰。

连最不关心时事新闻的人都可能知道阿尔法狗（AlphaGo），此外，人们还经常要刷脸支付、遇到微软小冰、跟 SiRi 说……人工智能（Artificial Intelligence，AI）正深刻地影响着人类的生活。

为中国学术界赢得荣誉

在人工智能研究领域，已经过了耳顺之年的徐雷，对许多已经不太年轻的学者来说，是一名国际上广为知名的"老兵"。他师出名门，著作等身。31 年前在清华大学获得博士学位的他，是我国在智能相关学科培养的第一位博士。在 1988 年颁发的第一批 40 名霍英东奖获得者中，他也是智能相关学科仅有的一位，绝对称得上是中国"土"博士的代表。

徐雷对学术研究的热情非常感染人。他不太注重自己穿什么衣服，喝什么咖啡，但在学术上却孜孜以求，敢为天下先。作为中国恢复高考后的第一届大学生，他同那个年代的人们经历过最艰难的时刻，所以拼尽全力，为开创中国人工智能日渐辉煌的时代一直在努力奋斗。

在国际人工智能研究领域，徐雷为中国学术界赢得了荣誉。因其在人工智能与模式识别等多个领域的杰出贡献，早在 2001 年，徐雷就当选美国电气和电子工程师学会（IEEE）会士，是 IEEE 计算智能学会（原名 IEEE 神经网络学会）推举并当选会士的首位中国人。2002 年，当选国际模式识别学会（International Association for Pattern

Recognition，IAPR）会士，并于同年当选欧洲科学院院士。2005 年，中国神经网络学会在其成立 15 周年之际，为中国在该领域发展有重要贡献者颁发了三个奖项，其中给境外华人的"长期报效奖"就是颁给了徐雷。亚太神经网络学会从第 14 届起开始设立其最高奖项——杰出成就奖，在 2006 年第 16 届年会上，徐雷成为第三位获奖者，也是第一位获此殊荣的中国人。

从 1994 年起，徐雷就受邀担任国际神经网络学会会刊《神经网络》（Neural Networks）编委长达 22 年，也是该期刊首位担任编委的华人。2013 年，徐雷创办 Springer-Nature OA Journal Applied Informatics，并任主编至今。在香港中文大学任职 23 年后，2016 年的夏天，作为国家"千人计划"专家，徐雷全职加盟上海交通大学，任脑科学与技术研究中心首席科学家、认知机器与计算健康研究中心（CMaCH）主任。

徐雷说，一个学者无论多么出色，其实都是站在属于他的一座山上，那就是他的国家。山高人为峰。徐雷表示，他将与他的团队一起努力，把中国人工智能研究这座山垫得更高一些。那时候，任何一个人站上去，都是一座高峰。

人工智能是时下最火的产业，正成为社会经济发展的新动力。中国从国家层面和地方政府层面都先后出台了人工智能发展规划。徐雷说，基础创新成熟后才有应用，才有企业接棒，进行成果转化，生产产品。徐雷是中国最早参与人工智能研究的专家之一，他说，他不愿意走捷径，只喜欢走别人没走过的路。

神经信息处理系统（Neural Information Processing Systems，NIPS）年会是人工智能领域最顶级的学术会议。直到十余年前，很少有中国学者的论文入选 NIPS 会议。但早在 1995 年以前，徐雷四年内先后在 NIPS 年会上发表了四篇论文。随后，还三次担任过 NIPS 年会大中华地区的联络人。更早些时候，1990 年正在芬兰进行博士后研究的徐雷，以第一作者身份发表论文多篇，其中最重要的就是发明了"随机 Hough 变换"（RHT）。时至今日，这仍然是人工智能领域进行形状识别的模式识别方法之一，被广泛应用于自动驾驶、雷达、医学图像等领域。更值得一提的是，徐雷将中国古典哲学思想与统计数学理论结合，创建了贝叶斯阴阳和谐学习体系，不仅为多个现有的统计学习模型建立了一个统一框架，还提供了新的学习理论和方法。贝叶斯阴阳和谐学习体系被收录于由国际神经网络先驱奖得主 Arbib 教授主编、麻省理工学院 2002 年出版的经典专著《大脑理论和神经网络大典》中，并成为独立的章节。在当下的人工智能前沿研究中，也已经看到该理论有不少新的应用前景。

从煤矿走进高等学府

徐雷是个工作狂。同事们经常深夜接到他回

▶ 谈起人工智能的发展史，徐雷如数家珍

复的邮件。他的办公室陈设非常简单，除了电脑和打印机、水壶外，还有一小盒雀巢速溶咖啡。他声音洪亮，经常微笑着，眼睛眯成了一条缝。

当记者问及有什么爱好，比如运动，他回答说，没有。他把每天从宿舍到办公室40多分钟的步行当做运动，晚上再走回去。"我把一生的时间都用来拼搏了，我自认为是个很拼的人。"徐雷说，很多人都不理解七七届的这批大学生。他看过一篇短文——《中国最勤劳的一代人老了》，他深有同感。

1959年，徐雷出生在支援大三线建设的路上，他的父母都是为煤矿搞基建的工程技术人员。1975年，徐雷到云南和贵州交界的盘江矿务局下属的一个煤矿当工人，那年他还不到17岁。

1977年，中国恢复高考后第一次招生，当时不到19岁的徐雷怀揣着清华梦，走进"考场"，结果未能如愿，只是收到了哈尔滨工业大学的录取通知书。

在哈尔滨工业大学苦读四年后，徐雷再次报考清华大学，追随当时我国信息科学的领军人物——中国科学院院士常迥先生。这次如愿以偿，1982年初他走进清华园，成为常迥先生和阎平凡教授共同任导师的第一个硕士生和第一个博士生。

在清华园里，常先生经常邀请美国、欧洲的学术大家来华访问。除了听大师们的报告，研究生们还常被"放到火上烤"：每个学生用不到10分钟的时间做研究报告，请来访的科学家点评。徐雷就被"烤"过多次，先后向K.S.Fu和Widrow等世界学术泰斗报告自己的研究进展。多番历练下来，徐雷以清华大学优秀博士论文奖拿下博士学位。不仅在国内学报上发表十多篇论文，还在模式识别、人工智能、图像处理的主要国际会议发表论文八篇，其中，ICPR会议上的一篇和UAI会议上的一篇，至今还不时有人引用。后者被J.Pearl（2010年图灵奖获得者）收入其1988年出版的经典专著中，并专门成为一节。该论文最早将二值变量贝叶斯树之学习拓广到高斯变量，开实变量贝叶斯网学习之先，也是从三个观察变量之条件相关性判断因果关系的最早结果。

1987年7月，徐雷成为北京大学第一批博士后，在著名数学家程民德院士和信息科学家石青云院士的指导下工作。程民德院士是中国多元调和分析、多元三角逼近论研究的开拓者。石青云院士是北京大学信息科学中心主任，是信息科学、

▼ 2017上海交通大学人工智能日

▲ 凝聚团队力量，潜心人工智能领域研究

人工智能领域的第一位中国科学院女院士。当时，中国科学院没有信息技术科学部，只有技术科学部的信息学组，常迥先生和程民德先生分别担任正副组长，共同推动中国信息科学、智能科学，尤其是模式识别、信号与图像处理等学科的发展。

1988年秋季，徐雷被北京大学破格提拔为副教授。那年，徐雷不到30岁。两位导师有意让徐雷接任设立在北京大学的第一个国家重点实验室——视觉与听觉信息处理国家重点实验室的主任，但年轻的徐雷还希望去国外闯闯。

1989年2月，徐雷来到芬兰拉普兰塔理工大学(Lappeenranta University of Technology, LUT)，在信息工程系教授E.Oja团队任高级研究员。事实证明，他做得非常出色，发明了篇首提到的RHT。1990年5月，徐雷到加拿大蒙特利尔的康考迪亚大学（Concordia University）计算机科学系继续研究，发表论文多篇。其中最重要的是他以第一作者身份发表的关于分类器组合的论文。这篇论文提出了分类器集成的三级框架，并给出若干组合方法，是如今广为研究的集成学习和信息融合的先驱成果之一。据Web-of-Science和Google Scholar显示，该论文的被引用量分别达1137次和2604次。另一个重要工作是单独提出的多层LMSER自组织学习，不仅最先揭示了Hebb学习辅以S非线性实现独立化学习，而且同文中提出的自组织多层神经网络和双向修正算法酷似现今神经网络深度学习的典型方法之一。遗憾的是，当时没有如今出色的计算能力和大数据支撑，计算实验只在单层上进行。

1991年9月，徐雷加入美国哈佛大学机器人实验室A.Yuille教授的团队做访问学者，Yuille是霍金的弟子，也是人工智能中计算机视觉研究的大师级学者。一年后，加入麻省理工学院脑和感知科学系M.Jordan教授团队做博士后研究，Jordan被当今国内媒体和达摩研究院称为人工智能领域世界级泰斗。在这两年间，徐雷发明了对手惩罚竞争学习，开创了无监督学习中模型自动选择的先河。对EM算法收敛性的研究，厘清了EM的优缺点，触发了新一轮波及多个领域之EM研究热潮。获得RBF网络学习误差收敛率与基数目关系的最早结果之一。对主子空间、MCA—对偶空间、ICA的研究有多个领军性贡献，引发大量后续研究。还与Jordan和Hinton（引发当今人工智能浪潮的深度学习之父）合作，提出一个改进多专家混合模型。

1993年8月，徐雷离开麻省理工学院，加入香港中文大学计算机科学与工程系，任高级讲师。在那些20世纪80年代初起出国留学而返回香港工作的内地学者中，第一位获得高级职称的就是徐雷。很快，他又在1996年升任教授、2002年升任讲席教授。

徐雷说，其实后来他才意识到，当年婉拒了程民德先生和石青云院士，选择到国外去闯而常年未归，是心有歉疚的。他很遗憾，没有为继承、巩固和发展导师们形成的学派出过力、做过贡献。现在，他想用剩下的夕阳年华和精力，在上海拿起接力棒，建立起一个有影响力的人工智能实验室，聊以表达对恩师的怀念和祭奠。

人工智能的关键突破

徐雷说，对于大脑和智能的研究，一种是从神经生物学角度研究大脑的结构和内在，若用由此得到的知识模仿大脑建立系统，则关乎到名词类脑系统或类脑智能。另一种研究是从外在的行为表现上着手的。认知科学关注大脑的认知是如何进行的，而信息科学家则致力于用计算机，通过硬件和程序，让电脑输出的结果类似人类智能的表现。

单片机、自动化和机器人如今还可以被称为人工智能吗？其实，智能的范畴不断在变，门槛也在不断提高。在早期，自动化也被叫做智能，但这种认知已被淘汰。所谓的智能，是从数据里直接"挖出"规律、发现规律，形成程序。也就是说，计算机通过学习，自己写自己的程序、算法。

人工智能中软件与硬件越来越混为一体了。以前编写的程序是一行行的代码，现在人工智能的算法是机器自己运算出来的，固化在硬件上。就像人类的大脑，它的硬件就是它的程序。数以亿计的神经元，神经元之间的连接改变，硬件改变，程序也就改变了。

徐雷认为，此番人工智能的关键突破其实是在很低的认知层次上，智力的难度相当于5岁以下孩童读学习卡片，认得字形和听懂发音。人脸识别、语音识别、标示识别，以及其他许多成功应用都是建立在这个基础上的。但是，这些事却都不是一个5岁的小孩子甚至成人能干得了的，这不是矛盾了吗？

徐雷解释，这里有三个关键点。一是现在机器面对的智力水平虽然不高，但问题规模却极其巨大。"学习卡片"（称为样本）的数目是几万、几十万，甚至几百万，由超级计算能力的系统以极快的速度运算。二是如此大量的"学习卡片"需要人类先期制作，这个过程涉及从数据中人工分割出一张张卡片，并在每张卡上标注上对应的文字或符号。这种反映对应关系的"学习卡片"称为有标注样本。获取这些样本需要人类智力参与并付出繁重劳动。三是求解高智力难度问题可以分解成求解规模巨大的低智力水平且类似的子问题。这种分解也是要靠人类智能来事先完成的。

尽管人工智能还远远没有到产生理解、直觉、顿悟、自我意识的阶段，仅是这些已有技术的应用场景已经非常丰富，包括人们日常生活中的大多数场景。现在流行的各种刷脸支付以及各种安防设施，已经进入产业阶段。在语音识别方面，谷歌最近发布的谷歌耳机，自称可以交互翻译40种语言，几乎涵盖日常生活常见的所有语种，人们似乎已经不需要再学习外语了。

徐雷进一步说明，人工智能最近开始有了一些新的突破。阿尔法狗 zero 就是一个例子，可以期待，它将在智能金融、项目运筹和资源优化等任务中发挥优势。

世界各国都十分重视与期待人工智能的进一步发展。2017年夏天，我国出台的人工智能发展规划为若干重大方向和应用领域研究和发展提供了蓝图。徐雷告诉记者，上海交大团队重点关注的下一个风口，将聚焦在智能医疗和创意人工智能领域中。

风口之一：智能医疗

在智能医疗领域，美国IBM公司是一个先行者，它开发的沃森（Dr.Waston）系统已经开始商业应用，并出售给了国外多家医院。

据徐雷介绍，沃森系统背后是一个庞大的数据库和知识引擎。2010年，沃森系统打败了人类智力竞赛冠军后，IBM公司接着就先后收购了40多家医院。在这些医院里，IBM能统一指挥，进行智能医疗，尤其是癌症诊断的研发。计算机通过一定的算法，整合医生诊断过程中获得的很多信息，如血液检测、化疗、肿瘤影像数据、DNA测序数据等。配合数据库中海量的同类诊断信息，查阅大量医学图书和学术期刊，甚至目前所有可用药物的信息，它不仅可以根据患者的病情提出有用的诊断建议，还能给出符合患者经济能力的实效治疗方案。

这不是一个普通医生可以替代的。那么，中国什么时候可以研发出自己的"沃森系统"？

徐雷认为，中国拥有众多得天独厚的样本优势。上海、北京等大城市的很多大医院，每天的病例都很多。比如，北京市肿瘤医院一个月仅胃癌的门诊病例数，就超过全美胃癌患者一年的门诊量。这是发展智能医疗的独特优势，也是研发类似于沃森系统的人工智能名医的基础。我国高度发展的互联网通讯,让研究人员把名医的智能部分地移植到小型智能系统甚至智能手机上成为可能,这将在一定程度上解决医疗资源相对短缺的问题。

但徐雷也表示,推进智能医疗需要冲破的障碍有很多。首先要解决的是病例。对于医生,从执业初期到退休时所积累的病例是医生的全部"身家"。如果没有合理的政策和利益分配,医生是不会愿意分享这些病例的。其次,推进智能医疗需要医院、医生、护士的高度配合,而非仅仅是添置一台机器或买一个医疗系统那么简单。因此,诸如上海这样的大城市虽然在医疗资源上具备优势,但能否进行智能医疗的探索,还有许多关键的问题需要解决,比如政府的决心。

风口之二:创意设计

人工智能和创意研究的发展紧密交织,尤其在早期,两者几乎是同义语。

中国人工智能的第一次浪潮始于20世纪七八十年代,那时,钱学森先生就开始倡导研究包括人工智能在内的思维科学,认为形象思维在创意过程中起主导作用,预见性地把形象思维研究作为思维科学的突破口。1996年,潘云鹤院士分析指出,推理研究的发展从严格的演绎逻辑开放到类比推理、视觉推理,推理过程逐渐呈现明显的松绑趋势,使得推理研究逐步走向对思维的广泛模拟。潘云鹤还提出了一个综合推理模型,阐述了与形象思维的关系。

近两三年来,人工智能前沿研究的一个重点正在转向通过深度学习和对抗学习生成图像、音乐和文本,这些研究或多或少与综合推理和形象思维有间接或直接关系。这些发展,不仅印证了钱学森先生当年对形象思维重要性的见解以及潘云鹤院士对推理过程呈现松绑趋势的预见,而且涉及的学习方法大多也与徐雷创建的贝叶斯阴阳和谐学习理论有密切联系。这些前期基础激起我们对中国学者在创意人工智能这一方向争取跨越式发展的期待。目前,徐雷团队正在朝这个方向努力推进,致力于发展出一个深度综合推理与创意人工智能框架、理论和方法。

远古时期崖壁上的线条画、龟背上的甲骨文,以及今天的速写和漫画,都是人类用若干简单线条勾勒而出的画面。寥寥几笔就能抽象概括出视觉景象中关键内容和主要结构关系,也形象地勾勒了脑中思维创意内容。

2017年5月下旬,谷歌Magenta艺术创作团队应用深度变分学习方法,开发了一个算法,也在试图探索这一问题。2017年9月,徐雷带领的研究团队也开发出一个新算法,隶属贝叶斯阴阳和谐学习方法,而不是用深度变分学习方法。得到的结果在多个方面明显地优于谷歌艺术创作团队的结果。徐雷说:"这只是初步的成果,我们还有新的发展、新的应用。我们的方法更高级,

▼ 上海交通大学徐雷团队人才济济

深度变分学习其实只是我们方法的一个特例。"

未来的艺术创作领域，更多的人可以成为创意总监，他们的工作是在人工智能提供的一系列备选方案或画作中做挑选，并画龙点睛，省却了很多繁琐的基础劳动。画家们可能会因此得到人工智能的帮助，当然，也可能是威胁。可以想象一下，一只猫的简笔画和一辆汽车的简笔画，会杂糅出什么作品？

徐雷团队目前正在开发在广告创意、形象创意中应用的人工智能算法，在建筑景观设计等领域已经与相关机构展开合作。未来，艺术教育、装潢设计、服装设计等都可能因为人工智能而得到发展。

冲击与机遇同行

对于人工智能带来的挑战，徐雷说，眼下这波人工智能冲击的是白领，而非蓝领。目前正逐步被取代的是在桌子上进行的繁琐工作，比如医院里、银行里、证券交易中心里填表格的工作。未来，人们通过语音或手机触屏给出指令，电脑自动就填好了。徐雷强调，上海和香港都是金融城市，有必要加紧研究人工智能在金融行业的应用，比如理财顾问、自动交易、风险管控和监管。国外包括高盛、摩根斯坦利等都在关注人工智能对金融业的影响。徐雷认为，人工智能接下来冲击的是艺术家或创意产业，会带来新的洗牌。

一个国家在人工智能领域是否强大，它的标志不再是是否有一流的重点实验室，而是有没有一个像谷歌、IBM这样的巨头企业。人工智能产业的发展已经变成了大学、政府、企业三方协调的行为。只有超级企业的出现，才能够说明人工智能的发展真正走出了大学，走出了实验室，走向了产业化。

通过谷歌的发展，人们大概可以看出人工智能产业发展的端倪。在过去五年中，谷歌收购了一百多家创业公司。研发出AlphaGo的Deepmind公司就是这样被收购过来的。谷歌花了5亿美元，但AlphaGo不久给谷歌带来了巨大的广告效应。而且，相关算法经过改进，应用到了谷歌数据中心的节能系统，给谷歌节省了约30多亿美元。

但谷歌公司不是一开始就这么强大。它在不断地换血，不停收购"好"的小公司，才一步步做强。徐雷认为，上海也应该哺育一批这样的小公司，而深圳的前海正在做这样的事情。

根据相关统计，人工智能领域的创业公司大约46%在北京，18%在上海，15%在深圳。"追赶与超越，我们都在努力。"徐雷说。他期待，在不久的将来，中国人工智能的研究和产业能超越国际同行。

▲ 人工智能领军人徐雷

徐 雷：上海交通大学致远讲席教授，国家"千人计划"专家。中国人工智能领域的一位前期开拓者和领军人。研究方向包括机器学习、类脑智能、类AlphaGo系统、计算健康、计算金融学等。

钱锋：人工智能与工业化的深度融合

文 / 许琦敏

> 如何积极应对全球化制造新形势带来的机遇和挑战，有效利用现代信息技术，解决目前流程工业在经营决策层面、生产运行层面、能效安全环保层面以及信息集成层面存在的瓶颈问题，推进以高效化、绿色化和智能化制造为目标的流程工业稳步发展，实现全局生产、管理以及营销模式的变革，是流程工业实现高端制造的关键所在。

如今，世界上许多发达国家都已经在智能制造的理念下，提出了各自国家工业智能化的规划，比如德国工业4.0，中国也发布了"中国智能制造2025"的发展规划。中国工程院院士、华东理工大学副校长钱锋教授多年从事石油化工生产过程智能建模、控制与优化的应用基础研究和工程技术开发，对于我国工业从传统制造走向智能制造，有着极为深刻的理解。

在钱锋教授看来，中国在谈智能制造的时候，较多关注离散制造业，而对流程工业关注不足。但流程工业所涉及的大多数是与国计民生密切相关的大型工业，比如石油化工、煤化工、钢铁工业、建材等。它们的智能化程度，对于一个国家实现智能制造所起的作用举足轻重。

钱锋认为，在这个转变过程中，最关键的因素是人们观念的转变——工业智能化是一种思维模式的转变，需要一群具有同样思维模式的人在一起协作，从而实现整个制造流程的变革。因此，工业智能制造绝对不是简单的让机器变得更加自动化，而是整个生产过程，包括各类信息整合、决策过程的高度集中和优化，从而实现整个企业、产业的价值链最大化。而且，这个价值链并不是单纯的利润最大化，还包含了社会价值、环境价值等。由此出发，延伸到教育领域，我国的工科人才培养体系也应围绕这个目标加以改造。以此为基点来认识人工智能与工业化的深度融合，会有不同的视野。

从自动化到智能化

所有的道路都是靠一步步走出来的，今天我们所面对的智能制造，其实经过了一个相当长的发展过程。

钱锋教授从20世纪90年代起就开始从事工业自动化研究，对整个发展历程可谓了如指掌。他举了一个显而易见的例子来说明这个变化的过程：现在大家非常习惯于使用手机上网购物，但就在20年前，这还是很困难的一件事。因为当时的互联网交易工具、支付手段、信用体系乃至物流系统都没有建立，网上购物需要买家承担相当大的风险。如今，很多瓶颈都从技术上得到了突破，电子商业模式很快就发展起来。

很多人会感觉，在这个过程中技术起了决定性作用。但钱锋说，仔细推敲一下就会发现，其实带来这一切改变的是观念，是个性化消费观念的带动产生了对传统商品流通模式改变的需求，由需求牵引，从整个价值链的层面上实现了现在我们所看到的翻天覆地的改变。他认为，这一点同样适用于理解工业智能化，首先要从观念上加以转变，才能抓住智能化的灵魂，为中国工业在世界上从跟跑、并跑到领跑的历史超越，找到抓手，提供动能。

人类的第一次工业革命是在18世纪，瓦特发明了蒸汽机，这是机械取代人力的时代；第二次工业革命的到来以电的使用为标志，人类进入了电气化时代；第三次工业革命就是我们刚刚经历过的信息化时代，大量的电子信息技术，包括自动化技术，使工厂的流水线作业上升到了一个新的高度。第四次工业革命是现在所处的互联网时代，从人与人互联、人与物互联，到物与物互联，它所带来的是多种信息的高度融合。

如何理解这种融合？钱锋教授这样解释：工厂里有很多生产信息，那么这些信息如何与原料采购、市场和销售信息整合起来，使得工厂生产活动价值最大化？这就是我们现在工业制造智能化所要解决的问题。这个过程不仅仅是信息的交互，更重要的是从信息中获得知识，再根据知识做决策。以前，很多决策都是靠人来完成的，但现在由于生产系统的庞大、全天候运行，从供应链到产业链的各类相关信息量越来越大，完全靠人力已难以达到企业所需要的水准。因而高质量决策越实时，企业的生产行为就会越有竞争力，这样智能化的制造系统就显得十分重要。

这种智能化究竟有多重要？钱锋举了一个例子。在过去二三十年中，我国引进了国外不少大型的先进生产设备。照理说，这些设备更新、规模更大、工艺更先进，意味着设备更容易操作、单位能耗更低，我们生产的产品应该效率更高、更具有竞争力。但事实并非如此，中国企业的生产效率还是提不上来。

这究竟是什么原因？钱锋说："我们没有引

▼ 参加全国两会时留影

科技精英

进的是生产线上的工人，而这正是效率体现的关键所在。"说得更直白一些，就是产业工人所具有的素质，即对设备和工艺的了解，这决定了机器所能达到的效率。这种了解包括什么样的原料适合这套生产设备、哪些条件的改变会对产品的品质和出产效率产生影响、针对特定的产品需求如何调整设备来加以实现……而这些都不会出现在生产设备的说明书上，同样需要大量研发与积累。能够做到这一点的，也绝对不是只会循规蹈矩操作按钮的普通工人。

"自动化、信息化时代已经对产业工人提出了深度理解工艺流程的要求，更何况是在智能化时代！"钱锋说，"当我们谈论人工智能与工业化的深度融合时，必须认识到人工智能并非简单地将工作交给机器去完成，而是需要人在更高层面上对工业生产过程进行把控。"

综上所述，从国际上看，世界流程工业目前总体上正处于历史的转型发展关键时刻。经过数十年的发展，中国流程工业产业结构逐步优化，关键技术不断取得突破，已发展成为世界规模最大的流程工业制造国家。如何积极应对全球化制造新形势带来的机遇和挑战，有效利用现代信息技术，解决目前流程工业在经营决策层面、生产运行层面、能效安全环保层面以及信息集成层面存在的瓶颈问题，推进以高效化、绿色化和智能化制造为目标的流程工业稳步发展，实现全局生产、管理以及营销模式的变革，是流程工业实现高端制造的关键所在。

实现价值链最大化

目前，中国的流程工业正处于新旧动能迭代更替的过程，对于其存在的问题和瓶颈，中国工程院最新完成的一项调查对此进行了概括和揭示。

一是在经营决策层面，供应链采购与装置运行特性关联度不高，产业链分布与市场需求存在不匹配，知识型工作自动化水平低，缺乏快速和主动响应市场变化的商业决策机制。

二是在生产运行层面，资源和废弃资源缺乏综合利用，精细化优化控制水平不高，面向高端制造的工艺流程构效分析与认识能力不足，缺乏虚拟制造技术。

三是在能效安全环保层面，能源的综合利用效率不高，安全和环保日益受到重视，但高危化学品、废水、废气、废固的全生命周期足迹缺乏监控与溯源，安全和环保风险大。

四是在信息感知与集成层面，物料属性和加工过程部分关键参量无法快速获取，大数据、物联网、云计算等技术在物流监控、优化运行中的应用才刚开始起步，迫切需要广域信息的灵敏感知与有效集成。

钱锋认为，这次调查所发现的问题说明了我国流程工业仍属于粗放型的生产、管理和营销模式，无法智能感知生产条件变化、自主设定控制系统指令、自动进行运行性能动态评估并实现安全优化运行；无法自动获取全球市场需求变化和原料属性等方面的数据和信息，自适应优化配置以及尽可能地循环利用各种资源和能源，实现生产全流程的协同优化与虚拟制造；在互联网和大数据环境下，仍严重依赖知识型工作者，无法实现对市场的快速响应和准确决策；绿色制造和安全环境足迹监控的关键工艺、检测和控制技术的研究相对滞后，无法满足日益增长的安全环保和绿色发展需求。

"这些环节的缺失，恰恰反映出我们与人工智能和工业化深度融合这一目标之间的差距。"钱锋指出，从粗放走向精细化生产，需要大量的技术支撑，其背后是管理理念和管理模式的转变。因此，要将现有的工业制造再向智能化方向提升，还有大量的工作需要展开。

举一个例子：如何根据设备的状态决定原料采购？这并不是一个简单的问题。比如在石油化工中采购原油，并不是价格越便宜越好，因为便宜的原油中往往含有更多的硫，而有不少装置在使用高硫的原油进行生产时，可能会产生这样那样的问题，最后导致总体的生产效率不高，甚至产生安全和环境排放不达标的问题。那么，如果需要精确掌握设备的运行状态，就需要智能动态的监控，获得相应的数据，同时通过一定的算法抽提出关键知识，做出准确的判断后再将指令下达给采购系统。

"这两个系统之间的数据可能根本就是两种不同的类型，可能很多系统之间的数据都属于不同的类型，以前这些数据的综合分析判断是靠人

▲ 实验室现场教学　　　　　　　　　　　　　　　▲ 在一线工作中的钱锋

力来做，如果要靠人工智能来完成，还有很多技术障碍要克服。"钱锋强调，实现价值链最大化，并不是企业利润的最大化，所以还要综合考虑社会效益，比如安全性、绿色环保。他说，如果实现了人工智能与工业化的深度融合，天津滨海新区爆炸事故就可能得以避免。因为按照物联网的管理，所有的危化品都会有全过程的跟踪监控，存放的仓库一旦存在温度、湿度、气体浓度的不正常变化，传感器都会实时监测。

钱锋是华东理工大学分管安全的副校长，通过手机APP，他可以在全球任何地方、任何时候实时看到全校所有实验室的运行情况。"过去我们总是认为，在制造过程中智能化管理是一个偏软的问题，因为信息、知识、决策，相对于原料、机器、产品而言，既看不见也摸不着，但现在随着大数据、云计算的发展，已经有大量技术可以来支持这些'软技术'的实现。"他说，阿尔法狗和它的升级版最令人震撼的就是机器可以在有明确规则的情况下，自动从数据中获得知识，并运用到新的情景的决策中。

钱锋认为，以前中国的企业处于技术跟跑的阶段，而现在有越来越多的地方逐步走到并跑或领跑的区段，所以必须走内涵发展的道路，而这只有靠创新。近几年，钱锋在和中石化九江石化分公司合作，尝试实践人工智能与工业化的深度融合——首先通过各种数据对生产过程进行优化，再通过计算机进行虚拟，到成熟之后再进入实际应用。他说："这是一件非常难的事情，因为大型生产设备哪怕做一点点改动都需要十分谨慎，一旦出现问题造成故障、停机，都会造成上百万、上千万元的经济损失。"尽管如此，企业有创新需求，仍会愿意尝试。

钱锋总结道：流程工业的智能优化制造，以高效化、绿色化、智能化为主题，最终要在工程技术层面实现数字化、智能化、网络化、自动化；同时在企业运行层面实现敏捷化、高效化、绿色化、安全化。因此，我们要在已有的物理制造系统集成上，充分融合人的知识，通过大数据、云计算、（移动）网络通信和人机交互的知识型工作自动化以及虚拟制造等现代信息技术，从生产、管理和营销全流程优化出发，实现制造流程、操作方式、管理模式的全方位自适应智能优化，使得企业经济效益和社会效益最大化。

教育要随智能化而动

实现流程工业智能制造，能够提升整个行业的资源配置与运行效率，使我国在流程工业上赶超其他国家，提升国家的整体竞争力。

在这个过程中，人才是十分关键的一环。钱锋担忧的是，我国目前的工程教育体系与国家对智能制造的人才需求匹配度不高，其中最大的问题在于，高校与企业之间的壁垒还未打通，一方面高校缺少有实战经验的优秀师资，另一方面，处于培养过程中的工程师也难以获得实习实践的机会。

"在德国、美国、日本这些工业发达的国家，企业界的高级技术人员可以很方便地进入大学，而大学教授也可以去企业任职，双向交流十分通畅、方便。这带来的最大的好处就是，在工程技术人才的培养过程中，可以将先进的产业实践经验和知识带到教学中。"钱锋说，宝马就是从德国慕尼黑工业大学的一个校办工厂发展起来的。

钱锋认为，与培养基础研究人才不同，应用

研究、工程技术人才的培养，绝对不能在象牙塔里闭门造车，而是要与企业、与实际生产结合起来，"不然培养出来的人才，企业根本没法用，造成了社会资源的大量浪费。"

在华东理工大学，每个引进到该校的教师，无论有多么优秀的教学科研经历和背景，都必须先去企业实践半年，接接地气。从大学毕业后进入工厂工作，又回到高校，钱锋教授深知，沉入工厂对于凝练科学问题、解决实际问题有多么重要。他一直带头实施"一线工作法"：即项目在一线实施，问题在一线解决，经验在一线总结，成绩在一线产出。一年的时间里，他往往有大半年在工厂里，深入了解装置、设备的特性。在他看来，只有这样才能做出真正有用的科研成果，解决我国流程工业中的疑难问题。

不仅教师，学生培养更需要与工业产业"接地气"。但钱锋认为，这个问题并非教育部门能够单独解决，还需要国资委等部门的配合，让企业与高校联动，给学生以实战培训的机会。他说，华东理工大学培养的研究生都有去大型工业企业实习的经历，论文也要与解决实际问题相联系。然而，这些实习机会的获得，主要还是通过学校多年与企业建立的信任与合作关系，而更多高校所培养的工科人才不一定能获得这种锻炼机会。这会从思考分析问题的思路上、认知层次、视野和视角上，对学生成才造成不良影响，使其在进入企业工作后，仍需花费大量精力适应企业实际的人才需求，对个人和企业都造成不必要的消耗。

另外，工程人才的知识结构过于陈旧，也过于单一，很难适应智能制造时代的需求。钱锋认为，一方面，这种陈旧和单一体现在目前工科教育所使用的教材上，不少内容都已经是二三十年前的内容，与现在的工业状况相差甚远——学生学的都是过时淘汰的东西，怎么能适应现代企业的需求？而且，在现代工厂中，越来越多地出现跨学科知识和技术的融合，比如生物技术、信息技术、工程技术等的融合，更需要跨学科的知识体系，这对我国的高等工程教育提出了更高的要求。另一方面，流程工业智能化涉及到很多领域的信息，比如原料采购、产品市场变动、营销策略等，如果工程师只懂技术，对于其他环节的信息无法领会，那就难以适应智能化工厂的工作和管理模式，而这更需要学校有提供综合学科教育的能力。钱锋希望，有关部门能够尽早将工程人才的教育体系改造提上日程，以适应我国工业智能化转型的历史需求。

钱锋：中国工程院院士，华东理工大学副校长，第九届上海市科技精英。

无机材料大师的有情人生

文／俞陶然

作为我国无机材料科学技术的奠基人和开拓者之一，严东生被誉为"出将入相"式的人物。作为"猛将"，他带领团队解决了我国重大国防工程项目的材料难题，为大型粒子对撞机提供了闪烁晶体；作为"良相"，他曾担任中国科学院党组书记、副院长，为中国科技体制改革、建立国际合作关系作出了重大贡献。

2013年6月11日，神舟十号飞船在酒泉发射成功，中国的载人航天事业再次成为全球瞩目的焦点。在这艘飞船上，有一个名为"天线窗"的部件，它具有优越的防热性能，确保了航天员与地面指挥控制中心的通信联络。

"神舟"系列飞船天线窗所用的耐高温烧蚀材料，是由我国著名材料科学家、中国科学院院士、中国工程院院士严东生主持研制的。这种独创的高温复相耐烧蚀复合材料，获得1981年度国家重大发明奖一等奖。

严东生院士不仅是一位杰出的科学家，也是我国科技界享有崇高声望的领导人。20世纪80年代，他担任中国科学院党组书记、副院长，在改革开放初期领导了中国科学院的改革，并推动中国科学院与国外众多知名科学团体建立了合作关系，使一大批年轻科研人员走出国门，到发达国家学习深造。

亲情：家族扶助学有成

1918年2月10日，严东生出生在上海，满月后随父迁居北京。父亲严治毕业于国立北洋大学土木工程系，长期担任京汉铁路局工程师。不幸的是，46岁时严治因染上伤寒而英年早逝，那一年严东生才6岁。

从那以后，严东生和他的姊妹、弟弟六人全靠母亲一人抚养。母亲朱渊毕业于杭州女子师范学院，受过良好的教育。"她身体不好，经常咳血，倒不是肺病，而是喉咙血管很容易破。"2012年接受记者专访时，严先生谈到的第一个人就是母亲。严母虽然病弱，却非常坚韧、好强，从不训斥孩子。这种性格深深地感染了严家兄妹六人，成为他们读书向上的动力。除了母亲的悉心教育，严东生所在的大家族也给予了兄妹六人大力资助。严东生的二姑公陈叔通是著名爱国民主人士，在他的倡导下，各家亲戚捐款设立了家庭基金，由大伯操作，接济六兄妹的学习和生活。

在温馨、殷实的家族环境下，严家六个子女都学有所成：大姐严棻毕业于燕京大学，二弟严机曾任长春汽车厂研究所总工程师，三弟严棠曾任广东中山医学院附属第二医院的院长，四弟严棣是美国密歇根州立大学数学系的终身教授，小妹严杜是北京大学教授。

谈到成才的原因，严东生除了归功于母亲和亲戚们的支持，还对他读过的学校大加赞赏。从11岁到17岁，他在北京崇德中学住读。这是一所英国教会学校，从那里走出了杨振宁、邓稼先、梁思成等一批名人大家。该校的英语、世界历史等课程都由英国人讲授，这种语言环境使严东生在高中时就能通读英文名著，并用英语写长篇文章。"我的英语和母语说得一样流利，靠的正是那时打下的底子。"严先生说。

中学毕业后，严东生的大伯希望他报考税务学校，今后可以捧个"金饭碗"，但他的第一志愿却填了清华大学化学系，因为积贫积弱的祖国催生了他心中的一个梦想，那就是"科学救国"。而化学，是他最喜欢的学科。

爱情：比翼双飞伴终生

1935年，严东生如愿考入清华大学化学系。大学一年级时，他接受了一流的通识教育：吴有训、萨本栋教普通物理，张子高教普通化学，雷海宗教中国通史，萧蘧教经济学，叶公超教高等英语……这为严东生深厚的综合素养打下了坚实基础。

群英荟萃的清华园，培养了众多人才，仅严东生所在的班级，就出了不少名家，如获得国家最高科技奖的叶笃正院士、中国外交部原副部长章文晋、著名美籍华人工程师施铨元。

1937年7月7日，"卢沟桥事变"爆发。7月29日，北平沦陷。正在读大二的严东生本想随清华师生南下，但由于要照顾体弱多病的母亲，只得留在北平，转入了有美国背景、未被日军占领的教会大学——燕京大学。这所名校的最大特色是崇尚自由学风，鼓励学生自学。在这种教学模式的培养下，严东生练就了独立研究课题的能力。

在燕京大学校园，严东生以优异成绩获得硕士学位，并收获了爱情——与同班同学孙璧媄结成一生的伴侣。孙璧媄娴静好学，大三时初学德语。那时，转学到燕京大学的严东生已学过两年德语，就自告奋勇辅导孙璧媄学习，两人逐渐培养出感情。谈到他的妻子，严东生深情地说："璧媄也是研究化学的，退休前是上海交通大学的化学系主任。我们早过了'钻石婚'啦，这么多年的共同生活让我感到，一个和谐的家庭，对人的状态有积极的影响。"

从燕京大学毕业后，与严东生一样，孙璧媄也被推荐去美国留学，但为了解除丈夫的后顾之忧，她放弃了这个机会。新中国成立后，孙璧媄进入上海交通大学化学系从事教学和科研工作。他们不仅在事业上有共同语言，在业余爱好上也兴趣相投——每天晚饭后放几段世界名曲，夫妻俩一起欣赏，听完后交流感受，其乐融融。

1946年，由燕京大学化学系主任窦维廉推荐，严东生踏上了赴美留学的航程。在伊利诺伊大学，他主修陶瓷工学，辅修无机化学。1949年春，他以全A成绩获得陶瓷学博士学位，并被授予四个荣誉学会的"金钥匙奖"，这在毕业生中是罕见

的。毕业后，他受邀留在伊利诺伊大学做博士后，继续从事陶瓷等无机材料的研究。

爱国情：许身报国积硕果

正当严东生科研前景一片光明时，祖国的政治局势却牵动了游子的心。严东生和殷之文等十几名同学加入了留美中国科学工作者协会伊利诺伊大学分会，每两周聚会一次，谈论中国政局。聚会上，他们读了毛主席的著作，还在《华侨日报》上看到解放军进入上海后睡在街头的报道，都非常感动，遂萌生了回国参与建设的想法。

那时，严东生获得的待遇优厚，对于他想解除博士后合约的念头，许多美国朋友表示很不理解，劝他不要走。要知道，一个处在科研"黄金期"的年轻人，一旦回到内战刚结束的中国，科研事业势必受到影响。但在严东生看来，他走上科研道路，就是为了"科学救国"；他赴美留学，也是为了"科学救国"；如今，新中国即将成立，他怎能不回到祖国怀抱，用自己的才华去实现这个梦想？

1950年，在克服美国当局设置的障碍后，这位爱国青年乘船途经香港，回到了故土。当踏上天津塘沽港码头时，他看到了爱妻孙璧媖和两个孩子的身影，泪水顿时夺眶而出……

在百废待兴的新中国，严东生出众的科研实力和管理能力得到了充分释放。

1954年底，中央组织部发出调令，任命严东生为中国科学院上海冶金陶瓷研究所研究室主任，主持无机材料研发。20世纪中叶，国际上对新型无机材料的研制不断取得新的突破，严东生的学成回国，让国人掌握了该领域的前沿动态。

包头白云鄂博的铁和稀土共生矿是新中国发展重工业的资源宝库，但包头铁矿石的含氟量极高，在冶炼过程中会侵蚀耐火材料。于是，严东生带领团队开展科研攻关，为包钢炼铁高炉各部位的选材提供了一整套解决方案。

严东生带领团队发明了金属—陶瓷过渡型复合涂层，解决了火箭高速飞行进入大气层时，会因与大气摩擦而损毁的难题，已成功应用于多种火箭发动机上。他主持研制的耐高温烧蚀材料也得到成功应用，获得了1981年国家重大发明奖一

▲ 老科学家严东生

等奖，这种材料作为"神舟"系列飞船天线窗的框架材料，仍在现役使用。

事业情：建言献策为"良相"

严东生不仅在科研中展现出"猛将"的一面，多次取得重大成果，还参与了新中国的科技发展战略决策，为成为"良相"打下了基础。1956年，党中央提出制订《1956—1967年科学技术发展远景规划纲要》（以下简称《规划》），号召"向科学进军"。参与讨论和制订《规划》的科研人员大多是德高望重的老科学家，而年仅38岁的严东生也在受邀之列。1962年，严东生出席广州会议，参与制订了我国下一个十年科技规划。

"文化大革命"期间，严东生受到冲击，一度离开科研领导岗位。但幸运的是，他一直没有远离心爱的科研工作。

1977年7月，严东生收到一封会议邀请函，邀请他参加8月4日在人民大会堂举行的全国科教工作座谈会。

那次会议的受邀者共有33人,包括苏步青、吴文俊、叶笃正等全国科技界、教育界的精英,而主持会议的是刚刚复出的邓小平。"8月4日那天,在人民大会堂台湾厅,小平同志一坐下就用浓重的四川口音对大家说:'这次召开科学和教育工作座谈会,主要是想听听大家的意见,向大家学习。外行管内行,总得要学才行。'会议一共开了9个半天,邓小平一天不落地全程参加了会议。各位专家依次发言,邓小平不时插话、提问,使会场上的讨论越来越深入。"严先生回忆道。

在谈到高校课程设置时,严东生对小平同志说:"理科大学的学生究竟应该如何培养?现在是学的面太窄了。我们希望大学的专业不要分得太细。专业窄,知识易碎,到研究单位工作困难,结合典型产品进行教学有问题。"在作中心发言时,他着重谈了科技规划制订和科研组织管理问题:"科技不仅本身可以现代化,而且要走在前面,为工业、农业和国防现代化作贡献。要搞好大协作,搞好协调分工,这是社会主义制度优越性的体现。我们物质条件比人家差,发挥制度优越性,是我们赶超的本钱。"在发言过程中,邓小平不时提问,严东生一一作了回答。

就是在这次座谈会上,经过与科学家、教育家的讨论,邓小平同志作出了恢复高考、召开全国科学大会这两项重要决定。中国的历史从此翻开了新的一页。

1980年,严东生当选为中国科学院化学部委员(院士)。1981年,当选为中国科学院副院长。1984年,任中国科学院党组书记、副院长。总结在中国科学院领导岗位上作出的业绩时,严先生说了两个词:"改革"和"开放"。

改革的中心议题是科技体制改革。1984年11月,严东生代表中国科学院党组向党中央和国务院领导汇报了《中国科学院科技体制改革的汇报提纲》,并获得批准。改革的另一个中心议题是如何在"十年浩劫"后,调整中国科学院下属各个研究所的科研方向,赶上发达国家的步伐。为此,严东生带领团队,花两三年时间跑遍了全国各省市的15个中国科学院化学学科研究所。他们在每个所待一周左右时间,听所领导的汇报,与他们一起讨论,确定了各所在新时期的主要任务。

严先生说的"开放",是指在20世纪80年代,中国科学院与发达国家的主要学术团体建立了合作关系,如美国科学院、英国皇家学会、瑞典皇家科学院、德国马普学会,并输送了一大批科研人员去国外做访问学者。在建立合作关系的过程中,严东生展现了"科学外交家"的风范。

20世纪90年代初,从中国科学院领导岗位退下来的严东生敏锐地发现了纳米材料研究的国际趋势。在他的大力推动下,"纳米材料科学研究"成为国家"攀登计划"首批项目之一,该项目在5年后又被列入国家"973"计划,至今仍在继续拓展。而他倡导和组建的中国科学院高性能陶瓷与超微结构开放实验室,已成为同类国家重点实验室中的佼佼者。

友情:闪烁晶体跨国缘

2012年7月4日,欧洲核子研究中心宣布,大型强子对撞机的CMS和ATLAS两个对撞点的实验显示,他们发现了一种新粒子,其特性与被称为"上帝粒子"的希格斯玻色子一致。消息传来,严东生十分欣喜,因为CMS探测器上的钨酸铅(PWO)闪烁晶体是他带领团队研制的,正是这种晶体,捕捉到了"上帝粒子"的踪迹。

据严东生介绍,从20世纪80年代初起,他就带队为欧洲核子研究中心研制闪烁晶体,并与诺贝尔物理学奖得主丁肇中结下了深厚的友谊。

1982年,丁肇中在北京找到了严东生。当时,丁肇中在欧洲核子研究中心主持建造大型正负电子对撞机中的L3探测器,准备采用新型锗酸铋(BGO)闪烁晶体做探测器中的电磁量能器,从事高能物理实验研究。闪烁晶体是一类用人工方法生长的晶体,在高能粒子的撞击下会把粒子的动能转变为光能。科学家根据仪器记录下的发光曲线,就能判定高能粒子的性质,从而发现新的粒子。

一见面,丁肇中就问:"你们能不能做闪烁晶体BGO?尺寸要很大很长。"严东生立即答应了下来,因为他意识到,参与这项工程具有重要的科学意义,而他长期领导的中国科学院上海硅酸盐研究所,在闪烁晶体领域已有一定的积累。于是,他立即组织硅酸盐研究所的科研团队进行攻关,开发出一套新的生长工艺,并建立了生产流水线。从这条流水线上输出的"Made in China"晶体，在与美、法、日等国的竞争中胜出，最终拿下了L3探测器所需要的12000根BGO晶体的供应合同。

从那以后，丁肇中碰到同行就说："谁要BGO晶体，就去中国科学院上海硅酸盐研究所！"2007年10月，丁肇中夫妇到上海后专程拜访了严东生夫妇。

1994年，欧洲核子中心决定建造大型强子对撞机，用它来寻找质量之源——希格斯玻色子。要捕捉到它的踪迹，就需要用数以万计的PWO闪烁晶体打造出CMS探测器的"心脏"——电磁量能器。

欧洲核子研究中心找到严东生，并得到了肯定的答复。2003年底，已经85岁高龄的他，仍亲自领导PWO晶体课题组进行攻关。在一次与欧洲科研人员的会谈中，这位老人居然在不看书面材料的情况下，准确无误地说出了一连串PWO晶体的性能测试数据，引起了与会者的惊叹。有段时间，生长PWO晶体用的原料质量不稳定，他亲自跑到江苏昆山的原料生产厂，与工厂领导和师傅们沟通，讨论提高原料质量的方案。2004年，预生产的350根晶体在欧洲核子中心及意大利、美国等地分别进行性能检测，结果显示，它们的发光量比俄罗斯提供的高20%～40%，综合性能更佳。2008年3月，上海硅酸盐研究所向欧洲核子中心成功交付了约5000根高质量的大尺寸PWO闪烁晶体，并被该中心授予"晶体奖"和"工业成就奖"。那时，作为项目主持人的严东生已是90岁高龄。

严东生（1918—2016）：著名材料科学家，中国科学院院士，中国工程院院士，中国无机材料科学技术的奠基人和开拓者之一。

宁可迷失在探索中，也不走别人的老路
——访第十五届上海市科技精英廖世俊

文／陈怡

在近日公布的"第十五届上海市科技精英"名单中，上海交通大学春申讲席教授、"海洋工程国家重点实验室"副主任廖世俊榜上有名。廖世俊教授率先将拓扑理论中的同伦概念应用于非线性方程的解析近似求解，提出求解力学中强非线性问题的解析近似方法——同伦分析方法，经过二十多年的研究和完善，最终形成了一套较为完整的理论体系。廖世俊教授作为唯一完成人的"求解力学中强非线性问题的同伦分析方法及其应用"项目，荣获2016年度国家自然科学奖二等奖。2017年初，在人民大会堂举行的国家科学技术奖励大会上，他与其他获奖代表受到习近平主席等国家领导人的亲切接见。

这些荣誉对于这位"国家杰出青年基金"获得者（2001年）、"上海市第七届自然科学牡丹奖"获得者（2009）、"上海市自然科学一等奖"获得者（2009年）和"上海市领军人才"而言，似乎是水到渠成的。面对荣誉，廖世俊教授显得十分平静。或许萦绕在他脑海中的，是这一方法刚刚提出时的激动和欣喜，以及随后二十多年孜孜以求中的日日夜夜。而让他引以自豪的是，作为"同伦分析方法"的创立者和一个全新研究领域的开辟者，他提出的方法得到国际学术界的广泛应用和高度评价，撰写的博士论文、2部相关英文专著、发表的百余篇高水平论文共被SCI检索他引近八千次（H-index为41），其中18篇为ESI高被引用论文，他本人连续三年（2014—2016）入选汤森路透全球高被引科学家。一些欧洲学者认为，同伦分析方法"是一个重要的里程碑"。

获悉廖世俊教授当选"第十五届上海市科技精英"后，记者专程前往其办公室进行采访。在谈及其科学研究之路时，廖世俊认为德国哲学家尼采的"重估一切价值"之观点对他影响很大。"研究应该源于批判，终结于创新。即使作为学生，也不能对老师盲目崇拜。"廖世俊常常告诫学生："宁可迷失在探索之中，也不要走别人的老路。"

20余年坚持不懈，提出并建立同伦分析方法理论体系

科学和工程中常常需要求解许多方程。最简单的是线性方程，其解通常可以简洁地表达出来。但科学和工程中的绝大部分问题是非线性的，一般都不能给出精确解，只能获得数值解或者解析近似解。传统上，基于物理小参数展开的摄动方法被广泛地应用于许多非线性问题的解析近似求解，从深度和广度上都大大加深了人类对非线性问题本质的理解。然而，摄动方法过分依赖物理小参数，且通常仅在足够小的物理参数下才能给出较好的近似，一般适用于弱非线性问题。这大大限制了摄动方法的应用范围。此外，其他传统的"非摄动方法"，虽然形式上不依赖物理小参数，但它们与摄动方法一样，都不能保证所求得的级数解收敛，从而不能确保所获得的解析近似足够精确。因此，传统的解析近似方法本质上仅适用于弱非线性问题，而提出求解强非线性方程全新的解析近似方法具有重要的理论和应用价值。

廖世俊在攻读博士期间，开始向这一难题发起挑战，并在1992年发表的博士论文中率先提出了"同伦分析方法"之雏形，随后又通过近五年的不懈探索，在历经无数次失败后，成功提出"广义同伦"概念，引入"收敛控制参数"，提出了一个简单的途径确保解析级数的收敛，大大完善了同伦分析方法。与传统解析近似方法相比，同伦分析方法具有三大优点。一是普遍有效性：无论所研究的非线性方程是否含有物理小参数，都可应用同伦分析方法求解；二是确保收敛性：总可以选取适当的"收敛控制参数"确保级数解之收敛；三是灵活性：可自由选取基函数来表达级数解，并自由选取对应的初始近似解。因此，同伦分析方法从本质上克服了传统解析近似方法的局限性，特别适合于强非线性方程的求解。

据悉，同伦分析方法已得到国内外研究人员的广泛应用。2003年廖世俊首部关于同伦分析方法的专著出版后，外国学者相继出版了6部相关专著。国内外其他研究小组，至今已发表1500余

▼ 廖世俊教授在2017年中国力学大会上做关于同伦分析方法的大会特邀报告

精英荟萃

篇相关SCI论文，完成20余篇相关博士学位论文和50余篇相关硕士论文。这些工作，充分证实了同伦分析方法的普适性。其次，众多的应用实例显示了同伦分析方法的优越性。例如，美国学者Mastroberardino在其论文中指出，对其研究的非线性方程而言，"只有同伦分析方法能够获得对所有物理参数都收敛的解析近似"。美国学者Nassar领导的研究小组应用同伦分析方法成功求解了非线性静电势分布问题，首次获得对大范围物理参数都有效的解析近似解。对于美式期权问题，摄动方法给出的近似解通常仅在数天或数周内有效，而廖世俊研究小组应用同伦分析方法获得的解析近似解，可以在20年内有效，将收敛区间增加近百倍，显示了同伦分析方法的优越性。

"我们经历了三个阶段来证明同伦分析方法有效：首先是证明这个方法的普适性：它对不同领域的大多数非线性问题都有效；其次是证明它的优越性：当传统解析近似方法不能给出满意的结果时，同伦分析方法仍能给出足够好的近似；最后，也是最关键的，是应用同伦分析方法获得一些全新的、从未见报道的结果。非常幸运，我们应用它确实获得一些从未见过报道的结果。"廖世俊告诉记者。

率先发现"稳态共振波"之存在

廖世俊所说的"幸运"之一，是指他领导的研究团队应用同伦分析方法首次从理论上获得无限和有限水深中的稳态共振水波，率先从理论上证明了"稳态共振波"之存在。

波浪共振是一类非常有趣的物理现象，与波浪生成的机理密切相关。对于海洋工程来说，波浪是最重要的因素之一，把波浪形成、演化机理研究透彻，有助于更好地设计海洋工程结构物、波能发电等。美国科学家Phillips教授在1960年提出了波浪共振条件；1962年，麻省理工学院的Benney教授发现共振波的各个波幅呈周期性变化，

▼ 廖世俊教授（中）研究团队

从而其波浪谱（波能分布）随时间发生周期性的变化。半个世纪以来，许多学者尝试能用传统的解析近似方法找到波能分布不随时间变化的"稳态共振波系"，却一直没有成功。

廖世俊小组应用同伦分析方法首次从理论上证明了稳态共振波系的普遍存在。"采用我们自己提出的同伦分析方法，我们率先在理论上预言了定常共振波的存在，在流体力学国际知名杂志 Journal of Fluid Mechanics 上发表数篇相关论文。但有评审意见提到，从未观察到过这种定常共振波。因此，我们自己做了一个相关实验，首次在实验室观察到它！"——廖世俊课题组利用坐落于交大闵行校区"海洋工程国家重点实验室"国际先进的风浪流水池，首次用实验证实了稳态共振波系之存在。这正是廖世俊提到的验证其方法有效性的第三阶段：给出从未见报道的全新结果。"稳态共振波浪"的发现，不仅丰富和完善了共振波浪理论，而且显示了同伦分析方法的原创性、新颖性和潜力。该研究工作丰富和加深了人们对波浪的认识和理解，对海洋工程结构物设计、波能利用等具有重要的理论和应用价值。

有趣的是，廖世俊小组以自己提出的同伦分析方法为工具，率先获得定常共振波的理论预测，并率先在实验室观察到它，完成了科学研究三步骤（提出新方法、理论预测、实验验证）的整个过程。

据了解，廖世俊在其研究同伦分析方法的前十年，研究成果很少被其他研究人员关注和引用。廖世俊一再说他很幸运："学校的领导、同事都支持我的研究；妻子也很理解、支持，从不对我提什么物质上的要求。学术界的许多前辈，如上海交大的何友声院士、朱继懋教授，702所吴有生院士，美国工程院院士梅强中教授，上海大学的戴世强教授等，都给予我很多的鼓励。要知道，这对一个独立探索前行的年轻人来说是多么重要。衷心地感谢他们！"

不断前行，发现三体问题600多个新周期解

真正的科学家从不停下他们探索的脚步。廖世俊在研究中崇尚独辟蹊径，努力超越自己。在研究同伦分析方法25年之后，廖世俊目前的研究兴趣转移到混沌动力系统的超高精度数值模拟及其应用上。就在记者发稿前，廖世俊研究组传来新的消息：近日，他们利用超级计算机和一种全新数值模拟策略，发现了著名的三体问题600多个全新的周期解家族，其结果于今年9月在 Science China-Physics, Mechanics & Astronomy 第60卷第12期在线发表。

据介绍，三体问题是天体力学中的一个非常著名的问题。它是指三个质量、初始位置和初始速度都是任意的天体，在相互之间万有引力作

▼ 廖世俊研究小组发现的三体问题部分新周期解。蓝色：天体1之轨迹；黑色：天体2之轨迹；红色：天体3之轨迹

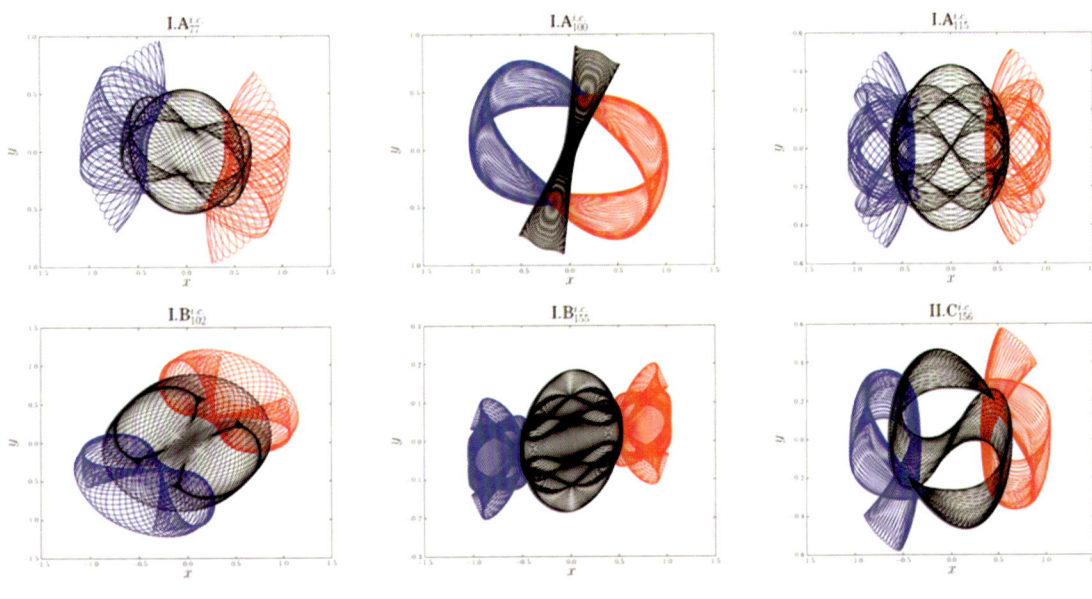

▲ 1997年廖世俊与妻子、女儿同聚杭州

用下的运动规律问题。三体问题可追溯到17世纪的牛顿，以及其后的拉格朗日、欧拉、庞加莱等知名科学家。三体问题的轨道通常都是非周期的，混沌的，对初始条件极端敏感：初始位置和速度极小的差异通常会导致轨道的极大区别。因此，发现三体问题周期解具有重要的科学价值。但遗憾的是，在牛顿提出三体问题之后的300年内仅发现3类周期解。这也充分说明了获得三体问题周期解之困难。2013年，塞尔维亚物理学家取得重大突破，采用计算机数值模拟发现了三体问题11个新周期解家族。此次廖世俊研究组共获得695个三体问题周期解家族，不仅包含之前已知的周期解，而且有600多个周期解从未见报道。他们研究了两维平面内等质量的三个物体在牛顿万有引力作用下的周期轨道问题，寻找该系统角动量为零条件下其周期轨道所对应的初始位置和速度。为了克服众所周知的三体问题轨道计算对初始条件的极端敏感性，他们首次采用了廖世俊教授2009年提出的求解混沌动力系统可靠轨迹之计算方法——"精准数值模拟"（Clean Numerical Simulation，简称CNS），通过采用足够高阶的泰勒级数和足够多字长的多倍精度(Multiple Precision) 数据，大大降低截断误差和舍入误差，使数值噪音在求解的时域内可以忽略不计，从而确保轨道计算的准确性，成功获得该三体问题更多的周期解。

众所周知，两体问题的轨迹为椭圆，且满足著名的开普勒定理：绕以太阳为焦点的椭圆轨道运行的所有行星，其各自椭圆轨道半长轴的立方与周期的平方之比是一个常量。廖世俊研究小组首次发现，该三体系统695个周期解满足一个广义的开普勒定理：整个系统动能和势能之和的立方与平均周期的平方之乘积几乎是一个常量。这首次揭示了三体系统的一个共性，深化了对三体问题的全面理解。廖世俊认为，三体问题这些新周期解的发现，主要归功于计算机技术的发展和新的数值模拟策略（CNS）之应用。

"三体问题许多新发现的周期解非常美，简直可以作为现代艺术画挂在墙上。这种完美令人震惊和着迷。"而在廖世俊教授的办公室墙上，挂着的是他与妻子、女儿的甜蜜合影，还有一张女儿年幼时握着电话筒打电话的照片，以及一幅"宁静致远"的书法作品……在宁静和谐之中，记者感到了一种富有艺术感的内在动态和活力，这也许正是这位留着披肩长发的科研工作者日常工作和生活的写照。

廖世俊：上海交通大学教授，长江学者，长期从事非线性力学研究。第十五届上海市科技精英。

让内分泌肿瘤无处遁形
——记第十五届上海市科技精英王卫庆

文／徐明徽

在最新公布的第十五届上海市科技精英名单中，王卫庆教授，上海交通大学医学院附属瑞金医院主任医师，是本届精英中唯一一位女性。

行医20年来，王卫庆在临床与科研上有许多彪炳战绩：建立万例内分泌肿瘤生物样本库及45万人代谢疾病生物样本库；原创发现肾上腺库欣腺瘤、胰岛细胞瘤与甲状腺腺瘤样结节的致病基因，提出内分泌肿瘤3类10种分子分型；系统建立34项诊断新技术，成为内分泌肿瘤诊断的金标准与核心技术，在临床应用并在全国推广，极大地提高了诊治水平。

懵懵懂懂从医路

科研上冲锋陷阵，行医上兢兢业业，管理岗位上像个大家长，严厉却又"护犊子"，这是大家对于王卫庆这个学科带头人的印象。说起当初学医的初衷，这位风风火火的王主任沉默片刻，说："当初倒不是因为什么救死扶伤的高尚理想，也没有想过学医的意义。就是我妈妈叫我一定要做医生，所有的高考志愿专业都是填的医学。"

接受采访时，王卫庆的母亲正躺在重症监护室里。"我们做医生的，所有的时间都扑在医院里。对家人亏欠太多，唯一的照顾可能就是她现在生病住院了，我能多费心一些吧。不说这个了，太难过了。"

王卫庆或许不是一个意义先行的人，但她做每一件事时都有尽善尽美的决心与毅力。王卫庆曾就读于上海第二医科大学，又在1994年通过激烈竞争，获得了前往香港大学攻读硕士的机会。

"那时候，我们这些去香港求学的人听不懂广东话，英语也不能和香港本地人比"，王卫庆一度遭到导师和同学们的质疑。"那时不知流了多少眼泪，但我比较倔强，觉得被人看不起，就更要做到最好。几乎每晚都开夜车，从老破的386电脑开始摸索，一步步啃硬骨头一样做好每件事。我仍记得，工作任务的黄色便签纸贴满了墙壁。"

▲ 王卫庆参加学术论坛

三年时间，直至毕业，王卫庆成为当时医院里唯一一名发表两篇 SCI 论文的研究生，此时她的能力已经获得导师的充分肯定，邀请她继续攻读博士。此外，美国哥伦比亚大学一名研究骨质疏松的教授也为她提供了博士 offer。

考虑到自身及家庭因素的王卫庆选择了回到上海。"回来的日子也很有意义，就是香港回归祖国那天。"

回到上海的王卫庆并未将坚持与放弃赋予多么崇高的意义。"我认为放弃留学机会其实有得有失"，王卫庆这样说，"那时出国潮很盛，很多人才留学后就不回来了。但是也要考虑到在国外能出头的是少数，大多数人一辈子都呆在实验室里。"

不忘初心 砥砺前行

坚持内分泌科，一方面是尽善尽美的秉性驱使；另一方面，王卫庆坦言："一个科室的发展，学科带头人很重要。我真正开始喜欢内分泌科，是由于当时宁光教授的带领。"

宁光，中国工程院院士，现任上海交通大学医学院附属瑞金医院副院长。1998 年年底调入瑞金医院内分泌科担任副主任。整个内分泌系统，从中枢、垂体、甲状腺、胰腺、肾上腺到性腺都与人体的调节机制密切关联，除了常见的糖尿病、甲状腺病等内分泌代谢疾病外，还包括许多不为人知或十分罕见的腺体性疾病及内分泌肿瘤。而彼时担任内分泌科副主任的宁光，为提高疾病的诊断率，促进医师专业水平的提高，在整个内分泌科室采取了分亚专业的方法。

王卫庆亲切地称呼宁光为"宁老板"，"宁老板当时建议我在肾上腺方向下功夫。每个人有了亚专业后，好似有了奔头，学科氛围一下子就起来了。我记得没有亚专业前，有人调侃我们内分泌科是自生自灭，荣誉最多不过'光荣退休'的科室。我对这个说法印象很深。而在找到方向、有了干劲后，很多成绩其实是水到渠成的。"

懵懵懂懂从医，到突然明白自己的使命，王卫庆回忆了一件 20 多年前的事情。"那是 20 世纪 90 年代末，一位 60 多岁的美国律师因为昏迷被送到了我们医院，我们照惯例为他做各项身体检查。然而，血糖、血钠反复多次始终测不出，当时有人怀疑是测试仪器故障。我觉得应该不是仪器的问题，而是这个患者的数值高得离谱，超出了机器所能显示的范围。"

王卫庆和科室的值班医护人员们彻夜未眠，终于将这个糖尿病酮症酸中毒的老人从死亡线上拉了回来。"就是在那时，我明白了哪怕是非常危重的患者，只要你多用心，还是有希望救活的。这件事，让我真切地感到能拯救一个人的生命，是很崇高的，而我这辈子就是要做医生的，也只能做这个。"

"在宁光教授的引领下，我从检测项目开始摸索，在治疗方法上寻求创新突破，发现具体而深入的探索也是很有意思的。因为凭借自己的钻研突破，会得到更多患者对你的肯定，而他们对你的信任也会不断增加。"

除了解决各类患者的糖尿病、甲状腺疾病、肾上腺疾病及内分泌疑难杂症外，王卫庆在科研上也不甘示弱，论文相继发表于 Science、JAMA、Nature Medicine、Nature Communications 等在医学界颇具分量的期刊上。

对此，王卫庆表示："我认为发表科研文章是一种分享，有了新发现与同行分享是一件很开心的事。当然，在医学圈子内，个人的成就和科室的努力是分不开的。2005 年瑞金医院内分泌学科要评上海市临床医学中心，当时我们科室缺课题、缺文章，显然无法和其他医院打擂台。当时，宁光教授要求每人每年要有 3 篇 SCI 文章，大家原本都认为是不可能完成的任务。但宁光教授进一步将科室进行分工，每周二、周四组织科研人员定期汇报科研工作。这项布置可谓雷打不动，何时汇报完，宁光教授何时才走。我也是在这样的激励下得以不断发掘自身潜力，直至今天有所建树。"

临床科研不分家

在网络上仍在讨论临床与科研孰轻孰重的问题时，如今王卫庆带领的内分泌科已经可以做到每年发表 40 篇 SCI 论文，累计已达 460 篇，这相当于某些地区整个医院的科研力量。

"我们科室在中国糖尿病流行趋势与危险因素研究方面取得显著成效，我们根据中国糖尿病流行与控制严峻的现状绘制了首张中国糖尿病地图，这对慢性疾病早期防控策略的制订非常重要。"

对于临床与科研，王卫庆一方面承认中国医生的辛苦，临床、科研、医疗都要抓，但另一方面科研和临床确实是分不开的。"不是只有在实验室里进行的才是科研。每一项技术的革新，每一个用药方案及诊断方案的发展，其实都是科研。科研无处不在，它浸润在临床的每一个环节当中。我想，一名优秀的医生不会满足于处理简单的病症，在掌握疾病的共性从而进行规范化治疗的同时，也绝不能忽视患者个体化的差异。即使是最常见的糖尿病或者外科最常见的阑尾炎，一百个患者可能就有一百种情况。"

在如此氛围的长期砥砺之下，瑞金医院内分泌科室的医师们积极探索与推广最先进的临床诊治适宜技术与规范。如今，瑞金医院内分泌学科已成为中国最先进的临床诊治技术规范制订与推广基地，始终积极探索并推广最先进的临床诊治适宜技术与规范，受聘作为组长单位制订国家卫生和计划生育委员会内分泌代谢病临床路径、内分泌代谢病合理用药、糖尿病诊断和治疗质量控制标准等 12 项，主持撰写包括糖皮质激素类药物临床应用指导原则、中国成人 2 型糖尿病 HbA1c 控制目标的专家共识等 10 项指南和共识，创建并推广应用包括程序化遗传性内分泌代谢病基因诊断技术、库欣综合征全息病例记录系统及 GnRH 微量脉冲泵治疗低促性激素性腺发育不全等 27 项临床诊疗新技术、22 种内分泌代谢动态实验操作规范，申请 40 项发明专利。

王卫庆多次强调，对于个人成绩她没有什么好说的。但提到科室荣誉，她滔滔不绝："我们学科先后承担国家自然科学基金科研课题 89 项，承担国家重点研发计划、'973'、'863'、卫计委新药创制重大专项等科研课题 12 项，科研经费逾 2 亿元，成果分别获国家科技进步奖二等奖 3 项、上海市科技进步奖一等奖 4 项、上海医学科技奖一等奖 4 项；连续两届获中国医院科技影响力专科榜内分泌科第一名。"

行医济世 医病医心

与抽象之爱相比，切实的爱是一件严酷和令人生畏的事情。

许多医患矛盾归根结底其实是这一警语的呈现。医生们并未忘记自己的誓言，只是在诸多的瓜葛与纠缠中，很难做到知行合一。不过，难并不代表做不到。

▼ 浓浓母女情

打开网络上的就医指南，王卫庆医生的"好评率"惊人——

"我患甲亢多年，找到王卫庆医生后，她并没有因为我是外来打工者忽视我，反而更精心帮我治疗，不但甲亢看好了，今年还生了健康宝宝，我非常感激王卫庆医生！我要专程去给王医生吃巧克力哎。"

对于医患矛盾，王卫庆表示："我常和科室的医生说，你们是健康的，和患者相比，你们已经赢了，其他的纷争、纠葛不如平和地接受和度过。其实医生并不是麻木的，我很理解患者和患者家属的心情。像我妈妈进医院抢救时，我一夜没睡。尤其是第二天得知还没有转危为安时，更是心力交瘁。"

在将抽象之爱落实到每一个个体身上时，医生所能做到的第一点无疑是精进医术。"从前，糖尿病酮症酸中毒抢救成功率不到90%。后来经过我们科室所有医生的逐步摸索，提升检查标准，每个患者都保证大于1小时的仔细检查。现在瑞金医院糖尿病酮症酸中毒抢救成功率是99.99%，除非有其他并发症。"

第二点是和患者深入沟通。王卫庆笑言自己爱管闲事，"每次坐诊我都要问问患者其他事情，哪怕是夫妻矛盾我也要管。一次在看病过程中，有个小姑娘告诉我，她父母因为其早恋时常打她。我就分成三步走，第一，先把小姑娘的病治好；第二，做通父母工作，不能粗暴对待孩子；第三，解决彼此隔阂。"

王卫庆坦言，"我这里几乎没有医患矛盾。你用心对待患者，患者也会交心。当然，遇到纯粹讹诈的患者，我也会直接顶回去，保护医院的医生。"

▼ 身着白大褂的王卫庆神采飞扬

如此"好管闲事"，只因王卫庆坚信，人生的大半时间都在工作上，不为无谓的事浪费时间是保证人生有点意义的重要因素。从1997年开始，瑞金医院内分泌科只离开过两个人。王卫庆直言，"氛围是很珍贵的，科室不能搞帮派。人心安定，才能做个好医生。"

女性的光辉

当然，作为本届唯一一位女性精英，王卫庆非常乐于将自己的经验与大家分享。"我记得以前我的师母告诉我，女性要有四个'一点点'：一点点爱好、一点点工作、一点点金钱、一点点文化。我想如果有这四个'一点点'立于世间，没有人帮助你，你也能生存。"

这样一位学科强人、医生护士们的"保护伞"，也有着自己的软肋——母亲和女儿。提到她们，王卫庆说话总会有些哽咽。

"我曾经试图让女儿当医生，但她看到我总是晚上十点后才回家，坐在沙发上捧着书就睡着了，就放弃了当医生的念头。回想大半辈子，我就是觉得对不起父母和女儿,陪伴他们的时间太少了。"

聊到女儿的学业,王卫庆有着藏也藏不住的自豪。"女儿现在在国外读书,成绩优秀,有自己的想法,有主见。哎呀,也像我一样爱管闲事,同学有矛盾都要去调解。可我觉得很欣慰,她有爱护别人的心,这比什么都珍贵。你看,她画画也很有天赋,并没有专门去学过,能自己融会贯通,她的导师也说她的画很有灵气和设计感。"

提到女儿就关不住话匣子的王卫庆,此时就不是那个高高在上的学术精英,而是一个普通母亲。在科技精英的竞选会上,王卫庆的演讲材料最后一页,是女儿画的一幅山峰图。

"女儿得知我要做演讲,通宵给我画了这幅画,说希望妈妈永攀高峰。"

王卫庆:上海交通大学医学院附属瑞金医院教授、主任医师,第十五届上海市科技精英。

▲ 科技精英王卫庆

▼ 山峰图——祝福母亲王卫庆在事业道路上勇攀高峰

为了太空那"一吻"
——记"最美央企人"张崇峰

文／马亚宁

科技精英

　　张崇峰，人如其名。二十年如一日，仰望苍穹，目光专注在距地300多千米的空间站轨道上，持续攀登着探索太空的科研高峰。他是现任中国载人航天工程空间实验室系统副总设计师、中国航天科技集团公司（以下简称集团公司）八院科技委常委，并先后担任"863"专家委空间实验室论证组成员、集团公司科技委航天器总体技术专业组成员。曾获全国五一劳动奖章、中国载人航天工程突出贡献者奖章、"感动上海"年度十大人物（团队代表人物）、集团公司航天功勋奖等荣誉。而在张崇峰的心目中，再多的个人头衔和荣誉，也抵不上科研团队由七八人壮大到上百人，每一个人在此间一步一个脚印的成长与收获。

从最新最难的路出发

　　"2011年11月3日凌晨，我坐在北京飞控中心大屏幕前，亲眼目睹了天宫一号与神舟八号首次交会对接取得圆满成功，紧绷的神经一下子放松了。"时隔6年，彼时彼刻的每一丝心绪，张崇峰至今清晰难忘。绷紧了16年的心弦，在那一刻终于松弛下来，所有的付出在那一刻都得到了最好的回报。"那一晚，我睡得特别香，似乎在漫长16年里没有睡好的觉，都在那一晚得到了补偿。"

　　十年无眠，只为一飞！1993年，在哈尔滨工业大学（简称哈工大）担任讲师的张崇峰得到了去俄罗斯进修的机会。在萨马拉航空航天大学，他第一次看到了联盟号飞船的返回舱，第一次开始接触对接机构。"特别是参观俄罗斯国民经济成就展时，触动太大了！巨大的飞船返回舱，精密无比的交会对接结构，就安放在一个广场式的开放空间里，普通观众也可以走上前去看一看、摸一摸。就像欣赏一件普通的科普展品一样，神秘的航天科技就在身边。"而那时，我国的载人航天工程才刚刚起步，每年只有零星的发射任务，建立自己的空间站就像一个遥不可及的梦。

　　但在张崇峰看来，中国的航天梦不仅是一个

▲ 回家后仍埋首于书房工作的张崇峰

梦想,更是值得为之奋斗的人生方向。当时,上海航天人迅速捕捉到了中国航天未来大发展的战略信息,与哈工大合作开展对接机构课题研究,他幸运地参与其中。或许是被航天人工作中的务实严谨所感动,或许是被交会对接任务的巨大挑战所吸引,当上海宇航系统工程研究所(简称805所)的领导向他发出邀请,加盟对接机构团队的时候,这个北方年轻人毫不犹豫地答应了。只身南下,一干就是16年!

中国要建立自己的空间站,空间交会对接技术是必须突破和掌握的。于是,张崇峰带领研制团队,开始了对接机构工程阶段的研制、试验工作。"对标国际先进,跨越式发展",是中国交会对接工程一开始就提出的要求。可是,对标国际谈何容易!张崇峰清楚地记得,在参观俄罗斯"能源"火箭公司对接机构研制车间时,那位车间主任自豪地说,世界上所有的对接机构都是他们那里生产出来的。就连航天领域的另一位"老大哥"美国,对接机构也是从他们那购买的。

张崇峰还记得:"俄方还直截了当地告诉我们,对接机构的研制难度非常大,并极力怂恿我们购买他们的产品。"可是,俄罗斯方面仅对对接机构的设计专利费就开出了1亿美元的天文数字,这让中国航天人难以接受。"中国要建立自己的空间站,空间交会对接技术是我们必须突破和掌握的。从这时起,我们下决心要走自力更生、自主创新的路!"

当时,国际载人航天技术的发展已经进入了第三代。那么,中国载人航天的起点,从哪里开始呢?"我们起步晚,看得到别人犯了哪些错误,也能看清哪种技术方案更可以获得成果。最终,我们选择了最新的技术路线,即研制能与国际空间站相匹配的异体同构周边式对接机构。这种对接机构适应性强、承载能力大,让我国载人航天具有更大的后续发展空间。但与之相应的是,条件要求严格、构造复杂、技术难度大。"

选择了最新也最难走的路,也就意味着对接机构要做成什么样子,实现工程化的技术难点和重点在哪里,对于当时只有7个人的张崇峰团队而言,都是个问号。"当时,大家的很多概念都只能停留在模型和图片资料上,一切皆是未知数。"为了将这个方案论证清楚,张崇峰带领整个团队搜集和查阅了所有能找到的资料,在字里行间筛选点点滴滴可用的信息,翻译俄罗斯有关对接机构的书籍。就这样,前后收集到的各类资料装满了整整十只箱子,仅论证报告的撰写就用了3个多月的时间。

作为技术负责人,张崇峰提出了系统参数设计优化模型,解决了系统方案、动力学建模等关键问题,在没有参考资料的情况下,完成了对接

精英荟萃

▼ 工作中的张崇峰总是神情严肃,全身心投入

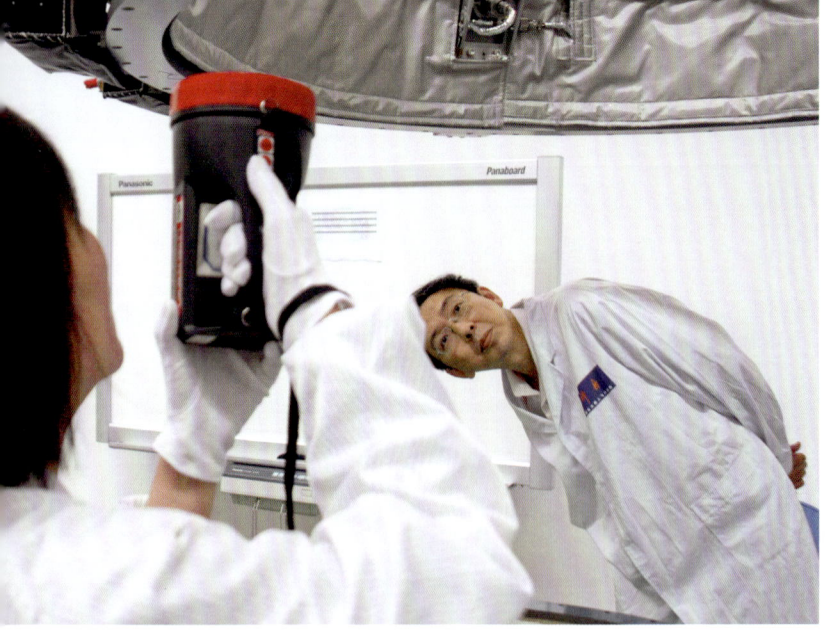

▲ 为中国航天科技飞跃创新倾注大量心血

机构关键技术攻关,研制出了对接机构正样产品。他还参与研制了国际首创的十自由度气浮式对接缓冲试验台、六自由度对接综合试验台、热真空对接试验台和对接机构整机特性测试台等一批国际一流的大型地面试验设备。"最终,我们的艰辛付出没有白费,通过一轮轮评审和质询,国家采纳了我们的方案,上海航天人迈出了对接机构研制的决定性一步!"

永不消逝的"第一道"难关

"20多年的科技攻关,我深深体会到,技术创新就是一个不断碰到问题、再不断解决问题的艰难历程。"有了交会对接的理论方案,就要把理论转化为设计方案,再把设计方案变成符合工程需求的实物,这其中一步更比一步难!手握方案图纸的张崇峰再次站到了科学攀登的险峰前——搞工程,最重要的就是通过各种试验来验证设计的正确性。可是如何模拟太空微重力环境,这成为摆在新登峰路上的"第一道"难关。

俄罗斯采用的是"吊挂"方案,就是把两个飞行器吊起来,利用钟摆的原理来模拟对接过程,但是这种方案在稳定性上有很大的局限性。"刚开始时,我们尝试用滑车的方案,但论证下来发现摩擦力太大,无法模拟飞行器在太空中的特点。"后来,团队科技人员建设性地提出了气浮平台的方案。

然而,这个方案的关键是需要建立两个平整度高和稳定性好的平台,整个平台在任何情况下,平面高低起伏不能超过0.003毫米,相当于一根头发丝直径的1/20。通过查询各种资料,发现只有泰山花岗岩才能满足这些要求。于是,团队里的设计师们亲赴泰山石矿区,在那里仔细考察了1个多月,终于开采到了两块70多吨重的巨石。接着,又用5个多月的时间,将巨石加工成两个20吨重的精细平台。

在这个平台上,两个8吨重的飞船试验件,只需用手指轻轻一点就可移动,而且还可以根据实验需要设置各种对接条件。俄罗斯专家参观后,都不由地赞叹:这是当今世界上水平最高的对接机构试验台。由张崇峰领衔研制的飞行器对接机构装置、空间对接机构缓冲试验台均获国防专利。

成功,往往就是最后一小步的坚持和喜悦;而失败,却如路边不经意却时常遭遇的"顽石"。记得对接机构第一次地面模拟试验时,张崇峰带领团队精心准备了三套参数,把所有的零件、部件都准备齐全了,欣慰的是,对接试验非常理想,所有的准备都没有用上。但是,当所有人以为大功告成时,分离过程却遇到了麻烦——分离角速度过大。

这只"拦路虎"来得猝不及防,足足困扰了科研人员一年半的时间。角速度是物体转动快慢的一个物理量,手表秒针的角速度是6 rad/s。角速度太大,在太空环境中就可能导致天宫一号和神舟八号发生碰撞,甚至不能分开,后果严重。"一开始我们测得的分离角速度是2 rad/s,这无法满足设计要求。于是我们开始攻关、分析、试验;再攻关、再分析、再试验……但试验结果始终没有大的改观。"

眼看任务周期一天天临近,如果再找不到原因,将会影响整个交会对接任务的进度,此时的张崇峰陷入了科研人最大的痛苦中。攻关是一个精雕细琢的过程,没有任何捷径可走,可它又必须与时间赛跑,时不我待。张崇峰几乎牺牲了所有的休息时间,将所有的注意力和精气神都用在了170多次的反复试验、分析和改进中。最终,用最最严苛的条件来模拟,将分离角速度做到了0.1 rad/s。11月14日,神舟八号与天宫一号首次分离成功,一年半不眠不休熬红熬干的双眼,迎来了久违的湿润——分离角速度实测下来只有0.04 rad/s。

从来都不允许"万一"

常言道：不怕一万，就怕万一。而对于搞航天的人来说，穷其一生就是要消灭"万一"二字。面对这个几乎不可能完成的任务，张崇峰矢志将自己磨砺成了"偏执狂"。2011年腊月二十七，对接机构捕获缓冲试验正接近尾声。突然，捕获传感器信号异常，而这时，对接机构的飞行产品已经整装待发。这对所有忙碌了许久、正准备回家过年的设计师来说，无疑是一个沉重打击。

经过分析，这种故障出现的概率为千分之一，而且对首次交会对接没有影响。千分之一也许微乎其微，但是要知道"失败就是差一点点成功，成功就是差一点点失败"。不放过任何一个疑点，不带一丝隐患上天，这是航天人的铁律。于是，张崇峰立即组织大家归队研究，直到除夕晚上6点多才离开单位。儿子还发着高烧，他们一家人就在朋友家吃了顿年夜饭。

与此同时，时任805所所长骆剑从浙江赶了回来，钱海鲲退掉了回家的机票，刚从北京电测回来的赵蔚赶回所里……很快，对接机构团队的全体成员都赶到试验室。年三十晚上，天已黑了，看着一个个不愿离去的设计师，805所指挥陈宝东发出命令：所有的人回家吃年夜饭，年初一强制休息一天。年初二起，张崇峰又和大家全身心扑在了技术攻关上。"我们当时只有一个念头，早日排除故障，绝不能把问题带到天上。经过九天九夜的奋战，我们终于找到了症结所在，消除了这千分之一的隐患。"

最终，"太空一吻"臻于完美，而张崇峰却暗下决心：在每一次上天之前，必须找到万分之一的隐患。于是，张崇峰几乎天天都在几近完美

▼ 航天人 航天梦

▼ 2011年11月17日，天宫一号与神舟八号交会对接任务圆满成功

的实验中不断拷问自己,"虽然今天的实验成功了,但换一个参数,是不是还能准确无误?"为了消除一个个潜在的"万一",每一项地面试验,无论大小都是实实在在的千锤百炼。

他特别欣赏一句话:只有偏执狂,才能成功。作为空间实验室系统副总设计师,张崇峰自承担任务以来,每天都如履薄冰。他坦言,如果事情没做"透",自己就放心不下。于是,为了一次热真空试验,他能一直在试验室等到凌晨4时,第二天一早准时到办公室连轴转;为了完成交会对接立项论证报告,他足足花费3个月的时间,100多页的报告几乎逐字逐句反复修改,最终方案报告一次通过……

为了工作,张崇峰经常加班和出差,长期处于高度紧张状态,经常突发头痛。而妻子总会在身边支持他,并安排好家里的一切。2005年,张崇峰的妻子在荷兰拿到硕士学位,正准备攻读博士,而张崇峰的工作也进入了关键时刻。妻子毅然放弃了读博的机会,一个人带着6岁的孩子,支持丈夫完成他为之执着并坚守的事业。

和妻子一同散步是张崇峰最快乐的事情。从家里出来,随便朝着一个方向走上半个小时,心情便能得到放松。由于工作强度高,张崇峰很少和家人一起吃饭,一有机会,他就自己动手做饭。用面包机发面做比萨,他会加进去超级多的馅料,这让儿子非常喜欢,经常要爸爸做给他吃,可惜张崇峰在家的时间太少,一共也没做过几次。

"太空一吻"创造历史

2017年4月,货运飞船天舟一号和天宫二号连续成功完成三次交会对接,这在我国载人航天历史上再一次创造了"第一次"。三次交会对接的主要目的是验证货运飞船的能力、绕飞至前向对接技术及自主快速交会对接技术。

"如果把神舟八号载人飞船对接机构称为第一代对接机构,那么天舟一号货运飞船对接机构可称为第二代产品,这次是第二代的首飞。"张

▶ 雄关漫道真如铁,而今迈步从头越

崇峰介绍说，2012年"天空一吻"中的神舟飞船和天宫飞行器，都是8吨级的航天器。虽然8吨级航天器的交会对接已经是高难度动作了，但与空间站建设中所要涉及的交会对接相比，仍然是"轻量级"的。

因此，对接机构要不断升级。此次"大吨位航天器偏心对接"中，新的对接机构必须保证未来空间站建造阶段8吨至180吨航天器实现各种方式的对接。更大型航天器的交会对接将会产生巨大的对接能量，对于对接机构的缓冲耗能能力提出了很高的要求。为此，航天科技集团八院的设计师们通过大量的技术攻关和方案论证，破解了这一难题，成功推出了二代对接机构——既不影响原捕获性能，又实现了对接机构捕获后的大吨位耗能需求，可以很好满足本次及后续任务的需求。

接下来，还有很多要求更高、难度更大、必须万无一失的任务，等待着张崇峰及其团队一步步去完成。发射大厅里，每一次热烈掌声响起时，也是他们内心归零的新起点。回首也是展望，在只有逗号没有句号的攻关岁月里，成功是汗水和泪水的交融，是智慧和心血的凝结，是力量和信心的象征，也是航天人执着的追求。

从地球遥望宇宙，中国人自己的"太空之吻"是如此轻柔而完美，让所有中国人为之热血沸腾。而在这背后是张崇峰这样的航天人，几十年如一日的风雨兼程和日夜坚守。

2016年，张崇峰被评为"最美央企人"。当时的颁奖辞真切道出了我们对于航天工作者的崇敬和感谢——

"16年隐忍与付出的背后，是以国为重、勇于担当的航天品质，助推成功的是这个时代的精神与古老民族更多更美的期盼。虽然没有出征苍穹，但你和你的团队依然将足迹镌刻在辽阔而深邃的星空。"

张崇峰：中国载人航天工程空间实验室系统副总设计师、中国航天科技集团公司八院科技委常委。第十五届上海市科技精英提名奖获得者。

▼ 在中共上海市第十一次代表大会上投下庄严的一票

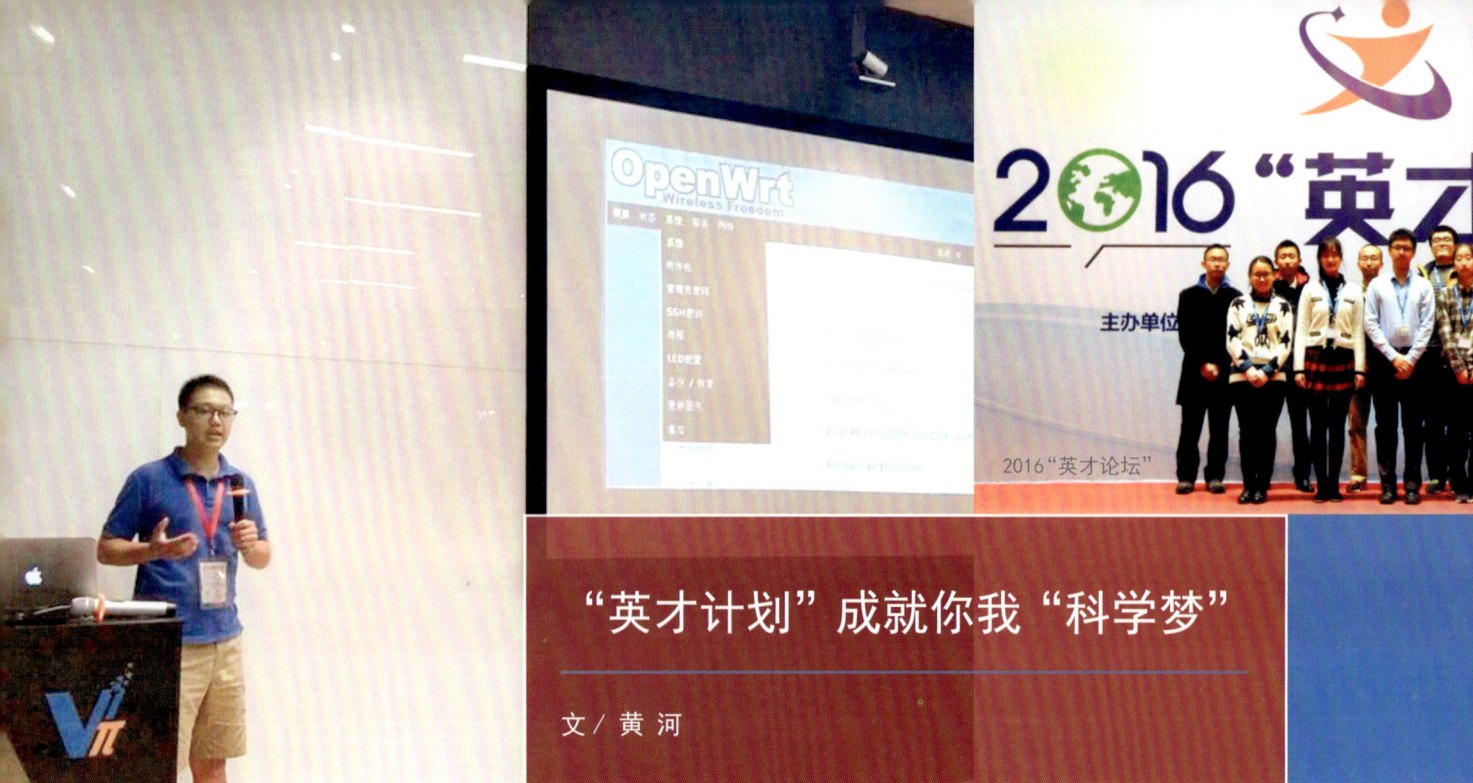

"英才计划"成就你我"科学梦"

文/黄河

从小学开始,我就对计算机技术有着相当浓厚的兴趣和热情,也具备一定的自学及动手能力,在学校课程和校外兴趣小组活动中养成了自学习惯。对科学技术,特别是计算机技术和工程技术的新发展新应用有着十分强烈的好奇心和求知欲。进入六年级后,我开始寻找一个能在科学与信息技术方面真正入门的空间。我曾经在互联网上查找过很多关于iOS软件开发的学习班,便打电话去咨询,但当对方知道我是一个初中生时,都纷纷表示培训班是针对大学在读或毕业的人群的。一次次的被拒绝让我很沮丧,但是我没有放弃寻找。记得在八年级第一学期的一次社团宣讲会上,我得知学校将会开设一个特殊的社团,那就是上海科学社的STEM社团。在那次宣讲会上老师给我们解释了STEM的含义(Science科学、Technology技术、Engineering工程、Mathematics数学),我心中的希望之火再次被点燃。

进入STEM社团之后,每周一和周三下午的社团时间变成了我一周中最盼望的两节课。通过STEM社团,我了解到了"英才计划"以及很多我们能参加的国内与国际科创赛事(上海市青少年科技创新大赛、全国青少年科技创新大赛、英特尔国际科学与工程大奖赛)。当科学社的老师向我介绍关于"英才计划"选拔的时候,我毫不犹豫地报了名。选拔过程固然是艰辛的,经历了多场考试,改了无数遍开题报告、申请材料,最终进入导师面试,并有幸入选为2015年"英才计划"计算机学科学员。

2015年3月14日,复旦大学举办了"英才计划"的导师见面会。见面会结束后,我的导师——复旦大学计算机与软件学院院长王晓阳教授把我们带到了他的办公室,王教授平易近人的做事方式让我非常感动和敬佩。他点评了我的开题报告,并和其他几位教授给出了具体的修改建议。

借着学校放假时,我到复旦大学张江校区和王教授面谈,王教授建议我缩小课题范围,并专心在一件事情上面,比如编写一个能自动识别动态主机识别协议,向客户端分配默认域名服务器的小程序。很幸运的是,当天王教授还带我去旁听了复旦大学计算机组的月会。在月会上,很多本科生介绍了他们正在研究的课题,其中有一个是关于网络传输协议的内容,另一个是关于在电脑及网络系统中密码强度(难度)算法的增强。这让我在网络方面增长了知识,拓宽了眼界。我和王教授在邮件上的交流也很频繁,他还会给我推荐一些计算机类或者和计算机有关的讲座。

我还参加了"英才计划"的很多活动,如由清华大学举办的"英才计划"计算机冬令营、上海交通大学举办的明日之星理论计算机科学营、日本的樱花科技计划。每一次活动都让我学到了

▲ 参加由清华大学举办的"英才计划"计算机冬令营

▲ 复旦大学计算机科学技术学院院长、软件学院院长,"英才计划"复旦大学计算机学科导师之一——王晓阳

更多的知识,同时也认识到自己的不足。明日之星活动汇集了不少外国研究生,他们在交流会中所讲的课题报告,让我第一次真正感受并体会到了理论计算机的难度,受益匪浅。2016年2月,我参加了计算机最高奖项图灵奖得主、虚拟现实VR的鼻祖Ivan Sutherland教授关于虚拟现实的学术研讨会,并参与了讨论与交流环节。

2016年8月,在中学生"英才计划"张江高新企业交流活动中,我们参观了由我国自主研发的大型客机C919原型机,感受到了浓厚的科技创新氛围。作为学生代表,我就自己正在研究的课题"基于OpenWRT路由器系统的DNS网络加速"做了TED演讲,并向大家展示了我暑假期间参与的科创项目《AI人工智能家庭——艾萨克的一家》。

近两年来我研究的课题是基于我偶然间的一次发现。有一次我在家里上App Store速度非常缓慢,即使载入出来还显示出错。我就在网上搜寻,找到了一个名为114的DNS,在利用114 DNS的时候,DNS会把我们的网络定向到境外的苹果服务器。我从中得到了启发,因为我在以前的DNS中发现去往苹果电子商店的IP地址是显示在美国的,而非是在国内镜像服务器上。我认为,可以用一种智能的方式给客户端分发IP地址,然后通过客户端返回的数据继续优化服务器中的列表。经过归类后的数据对于下次IP地址包的分发起到了优化作用,这样就能大大提高用户请求网页或其他数据的速度。所使用的概念就如同"我为人人,人人为我",也就是说用户量越多,最后数据的准确性也就越高。站在安全的角度上来讲,这种方式能有效防止一个服务器被黑客攻击后数据被篡改所导致的损失。

2016年夏天,我利用暑假期间继续开展课题研究,在先前的项目上做了更大的改进。我还前往厦门大学的一家相关企业学习关于OpenWRT开源路由器的课程,学会了如何编译OpenWRT的固件,并在固件中加入了智能DNS的功能,使连接在这台路由器下的所有互联网设备都能享受智能DNS所带来的速度与安全性的提升。鉴于OpenWRT路由器系统的硬件适配性和易安装性,用户可以去下载发布的OpenWRT系统并安装在自己的路由器上,以提高性能与安全性。

在我看来,"英才计划"是一个真正能给予我们中学生帮助与指导的平台,让我既有机会仰望星空,又能学习如何脚踏实地做科学研究与探索,于我就像沙漠中找到了一片绿洲。感谢"英才计划"给予我的机会与支持。

英才摇篮

▼ 黄河(左)、刘思涵(右,同为"英才计划"学员)与导师王晓阳教授合影

▸ 2015年"英才计划"学员黄河

上海市科学技术协会根据《中国科协办公厅关于开展中学生科技创新后备人才培养计划试点工作的通知（2013）23号》要求，以复旦大学、上海交通大学为试点单位，于2013年4月正式启动了中学生"英才计划"试点工作。培养工作开展四年以来，两所高校共推荐了110位知名科学家担任导师、执行导师，每年指导来自上海中学、华师大二附中、七宝中学等十余所高中的60名优秀中学生开展课题研究，目前累计培养人数达258人。中学生"英才计划"学员在近几年的上海市青少年科技创新大赛、全国青少年科技创新大赛及ISEF、INEPO、SWEEEP等国际国内青少年科技类赛事中取得了优异的成绩。

2017年中学生"英才计划"上海地区培育学员已于2017年1月正式进入了为期一年的培育流程，目前各位导师与学员经过沟通与交流，已建立了有效的沟通机制，培育工作也逐步进入正轨。各位学员也已按照导师的培养方案，陆续开始学习实验方法、阅读专业书籍，或正式开展实验探究，学生管理与培养工作正在顺利推进中。

希望通过"英才计划"，激发更多青少年的科技兴趣，激励他们热爱科学，为建设世界科技强国贡献自己的青春力量，也希望有更多上海市优秀青少年能够关注并加入到"英才计划"中来。

科技精英

链接：

中学生科技创新后备人才培养计划简介

文／喻子

中学生科技创新后备人才培养计划（简称中学生"英才计划"）是由中国科学技术协会、教育部共同组织实施的一项拔尖创新人才培养计划。目的是通过支持著名科学家指导中学生开展科学探究项目，激发中学生对基础学科的兴趣，帮助他们把握科学本质、树立科学思想、掌握科学思维和科学探究方法、培养科学精神与科学态度，进而发现一批具有科学潜质的优秀中学生，促进科技创新后备人才的培养。

《十万个为什么》
——浇灌全民科普之花

文／言文 龙敏

《十万个为什么》是少年儿童出版社在20世纪60年代初出版的一套以青少年为读者对象的科普读物，目前已推出第六版。它在传播科学知识、弘扬科学精神、提高公民科学素质方面发挥了重要作用，是上海的科普图书精品。随着"互联网+"时代来临，如何丰富《十万个为什么》的内容，并通过信息化手段让其呈现新的面貌、焕发新的活力，是当前科普创新工作面临的新挑战。科普广播专题节目——《十万个为什么》便是迎接这一挑战的创新之举。

催生"十万"焕发新活力

上海市科学技术协会与上海广播电视台汇集上海市公民科学素质工作领导小组各成员单位的科普资源，并集聚、引入社会上的优质科普资源，合力为《十万个为什么》这个从上海走出来的科普图书品牌赋予科创时代的新理念、新内涵，延续品牌秉持的高品质、普及性、及时性特点。以广播为载体的《十万个为什么》科普专题节目分为每日科学时事新闻、科学热点问答两大板块，为相关成员单位举办的各类活动进行预报，积极发挥上海市科协人才荟萃优势，邀请院士、有关学会（协会和研究会）的理事长、科技精英、青年科技英才等优秀科技人员就热点科学问题为市民答疑解惑。

一个底蕴丰厚的科普图书品牌，乘着科创中心建设的东风，在公民科学素质培育的平台上，将媒体资源、科学家资源、各成员单位的优秀科普人才资源汇集起来，共同浇灌上海这个适应科创中心建设要求的全民科普之花。

打造科普传播融媒体格局

近年来，上海广播电视台以追求在媒体融合发展上不断创新作为广播领域改革的尝试，以传统广播与移动终端相融合的发展格局已经形成，阿基米德FM所迸发的活力，让广播在推动科普工作向纵深发展方面增添了一个施展拳脚的舞台。《十万个为什么》科普广播专题节目是以融媒体创作为理念的一次尝试，它打破以往科普广播栏目仅仅用声音传播的传统，将电台、互联网、平面出版、线下活动等不同形态的媒体传播形式组合起来，形成科普之声的立体化平台。值得一提的是，这档节目除了每周一至周日18:45～19:00、每周六周日18:30～19:00在上海新闻广播调频FM93.4、中波AM990播出之外，还经过剪辑分发到交通频率、驾车调频等广播频道播放，同时充分利用阿基米德FM这类新端口的互动特性，于

上海市科学技术协会党组书记、副主席杨建荣（右）与中国科学院院士褚君浩在《十万个为什么》节目录制现场

链接：
《十万个为什么》节目简介

文／言文 龙敏

每周六固定推出"one问one答"（万问万答）板块，向公众征集一个个"为什么"，并向强大的"智囊团"专家提问，为市民提供点单式服务，如黑洞之谜、基因编辑技术、"墨子号"量子卫星、DNA检测等科学热点问题都在节目中一一出现。

为了更好地体现互动特性，让单向灌输式的科学普及变成科学家、科普工作者与市民的双向互动，从《十万个为什么》访谈中选择了若干精彩选题，由《上海科技报》摄影团队现场进行拍摄，并经剪辑制成微视频，在科学会堂科技时尚窗、科技影城大屏中滚动播放，还作为科普资料包分发到各区县、街镇等，从而让这档节目在时间和空间上突破广播的局限，成为广大市民获取最新科普资讯的全天候平台。

此外，为了把栏目的影响力延伸到市民更多的生活场景中，《十万个为什么》节目结合934公益报时，邀请院士、知名专家、有关领导等参与录制，时长30秒，每天整点前播出，倡导科技创新、爱科学、学科学的理念。同时，结合上海市各项科普节展活动以及广播自有的大型节庆活动，策划并开展形式多样的线下大型科普活动，邀请市民走进电台，走进科学现场，体会学科学、用科学所带来的乐趣，从而为上海多样化的科学普及活动增加新的亮点。

复旦大学公共卫生学院环境卫生教研室主任、教授、博士生导师宋伟民（左）与《十万个为什么》节目负责人龙敏（右）

为贯彻落实习近平总书记在全国科技创新大会、两院院士大会、中国科学技术协会第九次全国代表大会上的重要讲话精神，以及《上海市公民科学素质行动计划纲要实施方案（2016-2020年）》，在中国科学技术协会、上海市公民科学素质工作领导小组的指导下，上海市科学技术协会（简称上海市科协）与上海广播电视台经过精心策划，以"十万个为什么"为主题，以广播为载体，以文化科技融合为抓手，整合各成员单位的科普资源优势，并集聚、引入社会上优质科普资源，共同打造《十万个为什么》科普广播专题节目，为进一步提升上海市公民的科学素质，为完成"十三五"末上海公民具备科学素质的比例达到25%的目标任务，为上海科技创新中心建设作出新的贡献。

节目从开播至今，已邀请近百位院士、研究员、教授、工程师、行业专家等嘉宾，开展了物理、化学、生物、医学、航空航天、天文、地理、信息技术等各领域的科学热点问题诠释和科学知识普及。同时，成功举办2017上海公民科学素养知识竞赛、2017年上海国际科普产品博览会现场节目录制等线下活动，节目的传播力、影响力不断扩大。

据悉，《十万个为什么》节目收听率进入990广播节目前十榜单，位居990频率第三，在2017年度国庆期间收听率进入整个上海13套广播节目的前二十，受到市民的青睐。上海市科协和上海广播电视台将继续发挥担当作用，为公民的科学素质培养作出新的贡献，力争将《十万个为什么》科普广播专题节目打造成上海公民科学素质建设工程中科学与媒体融合发展的典范。

科学"答"人来争霸

文/肖华

由中共上海市委宣传部和上海市科学技术协会主办的"上海公民科学素养知识竞赛"自2015年至今，已成功举办三届。该项活动的目的是认真贯彻落实习近平总书记系列重要讲话和对科学普及工作的重要指示精神，深刻把握科学普及在建设世界科技强国战略目标中的定位，深入推进《全民科学素质行动计划纲要（2006—2010—2020年）》的实施。通过社会公众能够参与的、轻松有趣的传播方式，促进公众了解必要的科学技术知识、掌握基本的科学方法、树立科学思想、崇尚科学精神，进一步引导社会公众理解、支持和参与科技创新，由此激发公众的科技兴趣和创新热情，为上海建设具有全球影响力的科技创新中心营造良好的社会文化氛围。

丰富题库建设

针对公民科学素养测试的一些基本特征，2017年度"上海公民科学素养知识竞赛"试题设计以了解必要的科学技术知识为基础，体现科学方法、科学思想和科学精神，同时考察和提高公众用科学处理实际问题、参与公共事务的能力；命题侧重选取基础学科领域内公众必须了解和掌握的、最能反映公民科学素质基本要求的知识点，尤其关注当今最前沿的科技成果和最新的科普方向。试题分为"数学与信息""物质与能量""生命与健康""地球与环境""工程与技术""科技与社会""能力与发展"以及"地区综合"八大部分，体现学科的均衡与融合。同时，题库结合了上海地区最新的科技发展以及风土人情、科技名人与历史、科技政策与科技成果等，体现出

▲ 获奖选手合影

上海独特的地方特色。

多种资源共同发力

"上海公民科学素养知识竞赛"得到上海新闻广播、新浪微博等媒体的大力支持。2017年8月至9月，同时开放了上海新闻广播电台竞赛直播、新浪微博答题、微信答题、网络答题等多渠道媒体平台。上海市民可选择自己方便操作的方式答题，获得中奖机会。上海新闻广播电台专门开设栏目进行了8轮竞赛直播，新浪微博竞赛宣传的阅读总数达128万人次，总曝光量超过2600万人次，微信参与答题人数近4000人。

竞赛过程形式多样，新媒体和传统媒体同时发力，参与者利用碎片化的时间进行网络答题；精准定位，全方位发动，各种媒体优势互补，传播力度大增；覆盖人群广，参与度高。

线下总决赛增设后援团

2017年9月16日，"2017年上海公民科学素养知识竞赛"总决赛于"全国科普日"活动期间在科学会堂举行。参加总决赛的选手由各区分赛区选拔的16名参赛者及电台答题平台产生的8名周冠军组成。24名选手分为8组，每组3名进行角逐，最终评出一等奖1组，二等奖3组，三等奖4组。现场答题气氛紧张激烈，新增设的后援团环节更是将比赛气氛推向高潮。每组选手的后援团在后援团答题环节内的得分直接计算入选手总分，为紧张的比赛增添了更多悬念。总决赛由上海新闻广播、新浪微博进行现场直播，网友可实时参与互动。

近年来，"上海公民科学素养知识竞赛"活动通过电台、网站、微信平台等渠道传播科普，运用新媒体技术力量大范围覆盖市民群众的推广方式，得到了中国科学技术协会的高度重视。2018年，将在全国范围内推广上海经验，扩大活动影响力，吸引更多人参与，为公民科学素质建设工作助力。

链接：
"上海公民科学素养知识竞赛"简介

文／喻子

为贯彻落实习近平总书记系列重要讲话和对科学普及工作的重要指示精神，以及《全民科学素质行动计划纲要（2006—2010—2020年）》，广泛开展面向公众的科学教育、传播和普及活动，在全社会营造讲科学、爱科学、学科学、用科学的良好氛围，推动上海公民科学素质建设工作再上新台阶，中共上海市委宣传部、上海市科学技术协会主办上海公民科学素养知识竞赛活动。

自2015年至今，"上海公民科学素养知识竞赛"已成功举办三届。参与答题方式有网页、微信、新浪微博、电台等几种，参与者不分年龄和职业。试题设计充分体现各学科均衡与融合，避开晦涩高冷的知识，重在科学普及，是公民展示自我科学素养的一个平台。

"上海公民科学素养知识竞赛"由《新民晚报》《上海科技报》对赛事进行连续报道宣传，新浪网对决赛进行全国直播，并利用上海地铁"科普号"列车进行活动宣传推广。随着活动的深入，越来越多的上海市民参与其中。2018年起，"上海公民科学素养知识竞赛"这一形式将在全国范围内推广，助力全民科学素质提升。

砥砺前行 推进海洋科学技术创新
——访上海市船舶与海洋工程学会理事长邢文华

文 / 杨 凯

2018年的大幕已经拉开，回顾过去的2017年，上海市船舶与海洋工程学会理事长邢文华这样总结学会工作："以推动船舶与海洋工程领域的科学交流和发展、促进我国科学进步和经济发展为己任，紧紧围绕船舶与海洋工程装备产业科技发展的特点、热点和难点，在学术交流、科学普及、国际交流和编辑出版、组织建设等方面开展了多项工作。"

开放、合作、创新结硕果

邢文华认为，学会工作的开展应该秉承开放的理念。2017年，学会第十四届理事会审议通过了DNV GL大中国区总部的团体会员入会申请，未来学会也将吸引更多境外知名企业在上海的分支机构加入学会。

交流合作是学会工作的一大议题。2017年全年，学会总计举办学术交流活动18项，参加人数1308人次，交流论文214篇；编辑出版《上海市船舶与海洋工程学会2016年学术年会论文集》《第十八届中国国际工业博览会科技论坛智能船舶与数字化技术研讨会论文集》等共三种810册，交流论文117篇。主要举办的活动包括2017年学术系列年会、豪华邮轮设计与建造青年论坛、2017海洋科学考察船技术高峰论坛、外高桥造船发展论坛、工业博览会科技论坛"智能制造与智能造船工程研讨会"、长三角地区船舶工业发展论坛、辽沪粤学会总工程师论坛、国际喷水推进技术研讨会等；学会开展4项课题研究，均为中国工程院院士中心项目，目前已完成结题评审；其完成9项科技评价，其中上海外高桥造船有限公司5项、沪东中华造船（集团）有限公司3项、上海江南长兴造船有限责任公司1项。

创新是上海向具有全球影响力的科技创新中心进军的必由之路。学会举办多场科普活动，促进创新走近大众、走向世界。如在上海市青少年科技创新大赛中设置"郑和奖"，以"创新·体验·成长"为主题的第32届上海市青少年科技创新大赛专项奖颁奖仪式5月13日在科学会堂举行，学会有关领导出席颁奖仪式，并为"郑和奖"获奖者颁奖。5月16日，学会与上海市海洋工程科普基地在科学会堂联合举办"万众创新——向建设具有全球影响力的科技创新中心、进军"主题报告会，邀请了中船重工第七〇二研究所有关

▲ 2017海洋科学考察船技术高峰论坛

▲ 邢文华（中）在第七届泛亚海事工程学会联合会会议和2016年国际先进海事工程学术会议上与部分与会代表合影

专家为来自各会员单位的技术人员呈现了一场精彩的讲座。12月5日至8日，学会承办的第19届中国国际海事会展（Marintec China）在上海新国际博览中心举办，本届论坛活动以"创新、智造、协同"为主题，分设6个专场。高级海事论坛一直是中国国际海事会展的重头戏，在国际同类型学术活动中具有较大的影响力，受到全球海事业同行的高度关注，这也充分体现了中国国际海事会展的行业影响力。

栉风沐雨谱新章

党的十九大报告明确指出，"坚持陆海统筹，加快建设海洋强国"，体现了党中央对海洋事业建设发展的新要求，为海洋事业建设发展指明了前进方向。学会将把深入学习宣传贯彻党的十九大精神作为当前和今后一个时期的首要政治任务，以习近平新时代中国特色社会主义思想为指导，把力量凝聚到落实党的十九大确定的各项任务上来，稳步开展学会的改革和创新，推动学会专职办事机构的专业化、职业化和实体化建设，为学会的可持续健康发展探索出一条适合自身的路。

邢文华认为，学会要从多个角度着力推进：加强政治性，推动学会风气建设、文化建设和廉政建设；做好学术工作，提升学术水平和引领能力；提高学会公众服务产品的供给能力；积极做好专业技术人才的评价和职称评审工作；加强国际交流合作，提升学会的国际影响力和话语权；进一步做好科普工作，提升学会的社会教育和服务能力；以将《船舶与海洋工程》杂志办成国际上有影响力的学术期刊为目标，努力提升编辑出版工作能力；做好会员服务工作，提升服务水平，吸引更多交叉领域的会员以及民企、外企会员，扩大受众面。

未来，学会要把党的十九大精神落实到工作实践中，充分发挥社会团体的作用，进一步做好学术工作、科普工作，提升智库功能、服务功能，为建设海洋文化，增强全民海洋意识，着力推进海洋科学技术创新发挥自己的力量。充满机遇与挑战的2018年的风帆已经扬起，上海市船舶与海洋工程学会将乘风破浪，砥砺前行谱新章。

邢文华：现任中国船舶及海洋工程设计研究院（简称MARIC）院长，中国造船工程学会常务理事，上海市船舶与海洋工程学会理事长，上海船舶工业行业协会副会长，下一任（2019～2021）世界海事技术大会（WMTC）主席。

▼ 在日本参加会议的邢文华（中）

链接：
上海市船舶与海洋工程学会简介

文 / 朝晖

上海市船舶与海洋工程学会（原上海市造船工程学会）是由上海地区船舶与海洋工程科学技术工作者自愿组成的学术性、非营利性专业社会团体，业务主管单位为上海市科学技术协会，业务指导单位为中国造船工程学会，登记注册和监督管理单位为上海市社团管理局。

以学立会，以会员为本，抓机遇，促发展，为我国船舶与海洋工程产业实现做大做强战略目标而不懈努力，是学会一直以来的奋斗方向。学会根据国民经济及国防建设需要，面向世界科技前沿，开展学术与技术交流和软课题研究，向有关部门提出决策咨询建议；接受有关单位委托，进行科技项目验证、评估、科技成果鉴定；举荐人才；普及船舶与海洋工程科学技术知识，开展青少年科技教育活动；举办国际民间学术技术交流、科技合作和先进产品展示活动；开展继续教育；编辑、出版船舶与海洋工程学术刊物；以会员为本，为会员服务，反映会员的意见和要求；创办以咨询服务、学术技术交流和展览展示为主体的科技实体。截至 2016 年底，学会共有团体会员 64 个、个人会员 4685 名。

学会每年举办大型综合学术年会和中国国际工业博览会科技论坛造船专题研讨会，以及几十场次的专业学术活动；以上海科技活动周暨上海科技节、上海市"全国科普日"活动为主线，组织安排丰富多彩的科普活动，每年都有数万人次参加；组织会员开展各种形式的技术咨询服务工作；组织举办大型国际学术会议和展览会，学会自 1981 年起已连续举办 19 届中国国际海事技术学术会议和展览会，是上海市品牌会展，并且成为国际上两个最有影响力的海事会展之一。

学会与英国皇家造船师学会暨轮机工程科技学会香港联合分会、日本造船师和海洋工程师学会、英国轮机工程科技学会、美国造船工程学会、德国海事技术学会等 13 个境外学会建立了友好合作关系，开展双边或多边交流活动。

▼ 上海市船舶与海洋工程学会第十四届第一次会员代表大会

▼ 第十八届中国国际工业博览会科技论坛智能船舶与数字化技术研讨会现场

创新发展 让社会团体获得生机
——访上海市建筑学会理事长曹嘉明

文／杨凯

2014年举办"'中国新型城镇化发展'论坛"，2015年举办"'城市更新、共创宜居'学术论坛"，2016年举办"全球城市'更新与发展'学术论坛"，2017年举办"在'一带一路背景下的国际合作与建筑师的使命'学术论坛"……一路行来，上海市建筑学会用一份写满诚意的答卷，演绎了一个社会团体从生存、发展到壮大乃至影响世界的历程。

从转型"阵痛"中勇闯新路

走过60余载的上海市建筑学会的发展并非一帆风顺。改革开放之后，学会从传统的学术团体开始转型为自我发展能力较强的社会团体，遭遇的"阵痛"至今让学会现任理事长曹嘉明记忆犹新。他从2005年开始逐步将工作重心转移到学会，面临的第一个难关就是帮助学会摆脱财务危机，曹嘉明也由于这段经历早早地摸清了一个社会团体的发展轨迹。

在上海现代建筑设计集团的工作经历让曹嘉明体会到，"经营"二字对于一个组织有着无比重要的意义，"为学术而学术"的社会团体必然是走不长远的。他说："社团组织必须要开辟出新的思路才能走向未来。"也是在那时，互联网的思维让曹嘉明明确学会必须要有一个网站，既方便会员及时、便捷地寻找到组织，更能体现学会自身的服务意识，这是一种双向的互动，也是学会对外的重要宣传平台。

要大刀阔斧地迈入互联网时代，不会使用计算机自然是不行的。为了保障学会服务队伍的朝气和活力，曹嘉明坚决将"年轻化"代入组织机构的各个环节。对于会员单位的支持，他特别感激。这支随着时间增长却愈发年轻的队伍，他们的成长离不开社会，也在不断探寻着反哺社会的方式。

聚焦政府关注之问题

曹嘉明认为，"社会团体应当始终聚焦政府关注之问题"，并在工作开展中将这一理念加以贯彻。近年来学会每年召开的系列高端论坛，聚焦点都是当下政府所关心探索的话题，并从学术角度探讨这些议题，发挥好学会"智囊"的作用。

▲ 与皇家特许测量师学会（RICS）签约　　▲ 叶松青副理事长带队参加美国建筑师协会年会

以2017年学会举办的"在'一带一路背景下的国际合作与建筑师的使命'学术论坛"为例，曹嘉明认为此次学术论坛正是中国建筑师在"一带一路"背景下走向世界的宣言。目前，中国企业已经在20多个国家建设56个经贸合作区，47家央企共建1676个"一带一路"项目，2016年中国对"一带一路"沿线国家投资累计超过了185亿美元，新签对外承包工程合同额1260亿美元，市场机遇巨大。该论坛围绕"一带一路"主题，知名建筑师、学者以及"一带一路"沿线国家代表，就"一带一路"带来的机遇，以中国建筑设计及工程走向世界为主题进行研讨。中国原住房和城乡建设部副部长宋春华，清华大学建筑设计研究院建筑策划与咨询所所长、亚建协职业实践委员会委员张维，华东建筑集团股份有限公司总裁张桦等发表主题演讲。

如今，学会正积极参与上海及全国城市的建设，有效地发挥科技专家的作用，为政府和行业提供项目评估、科技评价、课题研究、标准编制、技术咨询、重大项目评选等专业服务。承担住建部与地方政府的重大课题，积极主编和参编多个专业国家标准或技术规范。

永葆活跃度和创造力

多年来，学会积极与国际建筑师协会、世界高层建筑与都市人居学会、英国皇家特许测量师学会、美国建筑师协会等多个国家或地区的建筑学术团体保持长期的交流与合作，组织会员赴北美、欧洲等地考察交流，并接待了20余国的700多位建筑界朋友。学会与日本、韩国一起共创建了"亚洲建筑师足球联盟"，已成功举办八届，增进了三国建筑师之间的感情和友谊。在国内组成"长三角建筑师联盟"，秉承与各学会、协会多边合作、资源共享、成果分享的理念，积极推动跨行业、跨地域发展。

在奖励会员、促进行业发展方面，学会也从2006年起设立"建筑创作奖"，每两年评选一次，至今已举办六届，共评选出133项优秀奖，367项佳作奖。出版《上海市建筑学会建筑创作奖获奖作品集》，为推动上海地区的建筑原创设计作出积极贡献。2016年，为鼓励科技创新、推动科技进步，调动广大建筑科学技术工作者的积极性和创新性，学会创办了"首届上海市建筑学会科技进步奖"，组织了20多位行业专家担任评审嘉宾，最终评出41项获奖项目。学会还定期为会员寄送《上海建筑》杂志，并在微信公众平台及时推送学会动态、行业热点及最新信息，每年举办学术性论坛并出版专业学术出版物。

在关注民生、科学普及方面，上海市建筑学会始终走在前头。学会与UED杂志联合主办"大师讲堂"，免费向公众开放；开设微信专栏"听王唯铭讲上海"；组织建筑师到安徽芜湖红杨镇红杨中心小学献爱心，宣传科普知识；2016年，学会举办"行走·发现·参与——公众参与视角下的城市微空间修复计划"活动。这些行动无疑推动了建筑学走近民生、走向百姓，是一个积极活跃的社会团体以自己的行动对社会的深情回馈。

曹嘉明：国家一级注册建筑师，教授级高级工程师，**中国建筑学会副理事长，上海市建筑学会理事长。**

- 知名西班牙建筑事务所 EMBT 的联合创始人贝纳德塔·达格利亚布艾女士做客 UED 大师讲堂
- 2017 年 9 月韩国首尔世界建筑师大会（UIA）中国馆揭幕仪式

链接：
上海市建筑学会简介

文／朝晖

上海市建筑学会成立于 1953 年，是上海市建筑科学技术工作者组成的学术团体，是经社团管理部门登记的独立法人社团，是上海市科学技术协会团体会员，在业务上得到中国建筑学会和上海市住建委指导和支持。

60 多年来，学会汇聚了城市规划、建筑、结构、机电、施工、市政等领域优秀的专家和精英，著名建筑专家赵深、陈植、金瓯卜、汪定曾、方鉴泉、吴景祥、罗小未、项祖荃、郑时龄、吴之光等先生先后在学会任理事、常务理事、理事长等职务。目前，学会下设建筑设计、城市设计与规划、建筑结构、建筑施工、建筑电气、建筑暖通、建筑给水排水、建筑动力、市政交通、建筑经济、室内外环境设计、绿色建材和节能、历史建筑保护、村镇建设、情报信息、生态建设、商业地产、地下空间与工程、养老建筑研究、既有建筑改造、文教建筑、BIM、建筑幕墙、隔震及消能减震、工业化建筑、建筑摄影等 26 个专业委员会，建筑创作学术部、咨询、组织、宣传、青年等 5 个工作委员会。现有团体会员 160 余个、个人会员 3000 余人。目前，学会在第十二届理事会领导下开展工作，理事长曹嘉明，副理事长伍江、丁洁民、黄岗、俞斯佳、汤伟、张俊杰、叶松青，秘书长由叶松青兼任。

在上海市住建委等部门和中国建筑学会的指导和支持下，上海市建筑学会积极参与上海市及全国城市的建设，充分发挥科技专家的作用，为政府和行业提供项目评估、科技评价、课题研究、标准编制、技术咨询、重大项目评选等方面的专业服务，承担住建部与地方政府的重大课题。如 2015 年世界城市日系列活动策划，住建部课题"中国传统建筑解析与传承——上海卷"，山东聊城、上海三林滨江地区、江苏宿迁、青岛即墨等多地科技评价，主编和参编有关专业的国家标准或技术规范。

学会编辑出版刊物有《上海建筑》（月刊）、《建筑设计作品年鉴》（年刊）、《上海市建筑学会建筑创作奖获奖作品集》（双年刊）、《科技进步奖汇编》（双年刊）、《专家谏言》，并通过网站、微信平台及时全面反应学会动态。目前网站和微信平台已成为学会对外宣传的重要平台。

2017 上海科博会掠影

飞啊 VR 热气球

未来科学家 1

光启未来

"未来科学家" 2

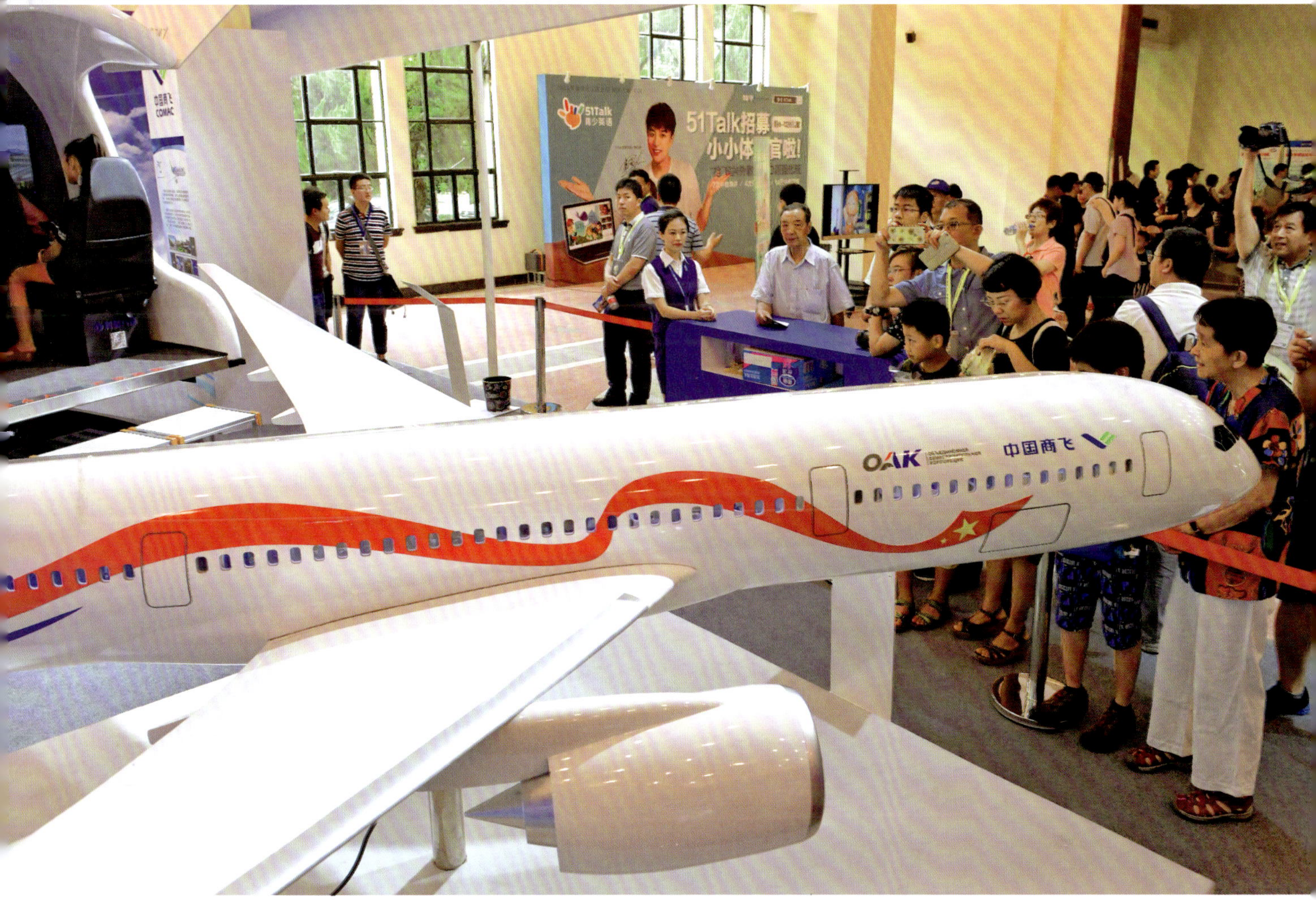

▽ "传承工匠" 1

▽ "传承工匠" 2

▲ 中国第一款商用大飞机 C919 模拟驾驶舱

科技盛会 科学殿堂

上海科学会堂的前世今生（下）

文 / 俞陶然

60年来，科学会堂一直是上海科技工作者学术交流的重要场所，是"百家争鸣"迸发新思维火花的殿堂。60年来，科学会堂接待过许多科学家、工程师、领导同志：诺贝尔奖获得者巴顿、杨振宁、李政道、丁肇中，第一位进入太空的华裔科学家王赣骏、苏联火箭之父谢道夫……这些著名科技专家都曾来到科学会堂，做过精彩的学术或科普报告。上海市多位领导同志也曾来到这里，与科技工作者共商大计。

进入21世纪，科学会堂屡展新颜：国际会议厅、院士风采墙、科技影城……给科技工作者营造了更好的学术交流环境，为公众搭建了更精彩的科学普及舞台。

打造"项链"连接新老二楼

2002年，科学会堂连接工程启动，由市政府投资1.07亿元，新建能容纳800人的国际会议厅，修缮原法国总会俱乐部这一上海市优秀历史保护建筑，总建筑面积达8500平方米。

连接工程的建成，使科学会堂的总面积达到3万多平方米。它犹如一串项链，将已有80年历史的科学会堂老楼与形似风帆的思南楼串连起来，使这两幢时间跨度近一个世纪的建筑实现了"科学对话"。

据介绍，国际会议厅所在地是原上海市卢湾区少体校房屋，曾作为法国总会网球俱乐部，被列入上海市第四批优秀历史保护建筑名单。而今，国际会议厅在设备方面，实现了高效及时、可跨地域空间的现代化多媒体信息实时传递。为了节约能源，该会议厅采用太阳能光伏技术，将太阳能转化为电能，接入电网。值得一提的是，连接工程展示馆的大小11个场所，均以新能源命名，如太阳能厅、海洋能厅、光热厅等。

近年来，中国重大工程技术成就论坛、院士圆桌会议、海峡两岸科技自主创新研讨会等重要的学术会议都曾在国际会议厅召开。众多科技建言和重大科研课题在这里提出，并得到充分讨论。科学家们愿意来此"坐而论道"，畅议学术和国事，为政府部门决策提供科学依据。

"为科技工作者提供优质服务，努力营造科技工作者之家。"这是科学会堂从成立之初就一直坚持的工作宗旨。在打造科技活动品牌的同时，科学会堂始终坚持以社会公益性为第一的原则，奉行"费用打折、服务不打折"理念，为上海市科学技术协会及所属学会的学术交流活动提供会

场和优质服务,获得了广大科技工作者的好评。

院士风采墙弘扬两院院士精神

2014年1月,上海"院士风采"多媒体展示墙在国际会议厅外落成,为科学会堂增添了一道亮丽的风景。

这面长14.8米、高4.8米、面积约71平方米的院士风采墙,由12块拼接大屏幕、9块标准屏幕和109块灯箱组成。它集传统实物展示与多媒体互动查询为一体,先期展示了在沪工作或生活的230位上海两院院士在勇攀高峰时的精神风貌、在攻坚克难中的爱国情怀,凸显了以院士为代表的广大科技工作者在上海经济社会发展中发挥的作用。院士们的专业背景涵盖科技领域的方方面面,在中国科学院的数学、物理、化学、地学等6个学部和中国工程院的机械、信息、化工等9个学部中达到全覆盖。

院士风采墙设置了控制台,可以点播反映院士成长经历、主要成就和日常生活的视频。这个项目还选取了曾任上海市科协主席的数位院士的书信、手稿、著作,以及学术成长过程中十分珍贵的研究资料,以实物形式进行展示。

上海市科学技术协会党组书记、副主席杨建荣介绍说,由市委组织部和市科协联合共建的"院士风采"多媒体展示墙,旨在大力宣传院士们热爱祖国、追求理想、执着科研的崇高精神,弘扬院士们百折不挠、求真务实、锐意创新的优良作风,营造尊重知识、尊重人才、尊重创新的良好社会氛围。同时,这也是落实《全民科学素质行动计划纲要》,使广大市民走近院士、了解院士,营造崇尚科学、尊重人才良好氛围的一项举措。

科技影城让科普更有"声色"

2015年6月,科学会堂又迎来新生事物的诞生——由上海市科协与上海电影集团共同打造的上海科技影城,在科学会堂思南楼建成并运营。在这家国内首打"科技牌"的影院中,观众不仅可以欣赏到同步上映的热门科幻、科普影片,还有机会品味一番科学家们的科普讲解。

"茂密的雨林、荒凉的沙漠、静谧的小溪、神秘的海底,一场突如其来的飓风将这些场景联系在一起。雷电交加、暴雨如注、洪水肆虐,村庄百姓在气象局发布的紧急预报中仓皇撤离,留下一片废墟……"这是加拿大纪录片《飓风》展示的大自然中令人震撼的一幕。2015年6月14日晚,该片的全球首映式拉开了第十八届上海国际电影节科技电影展映周的大幕,也标志着上海科技影城正式开业。《飓风》首映之后,一场带有浓郁科学色彩的观影交流会在科影城举行,多位科研人员与影片创作人员一起,向观众诠释了影片中包含的科学知识和科学精神。

为何要打造科技影城?上海市科协领导表示,科普电影是一种观众喜闻乐见的科学传播形式,它能综合调动视觉听觉感受,让观众怀着科学好奇心去探知奇幻的科学世界,是提高公民科学素养的有效手段。针对国内科技影院数量不多、科普影片放映不足的现状,上海市科协与上影集团积极谋划,决定将科学会堂思南楼三楼学术报告厅改建成科技影城,以填补国内科技影院的"空白"。

影城整体设计呈现书页形状,体现科技主题。影城拥有两个标准化电影放映厅,其中1号厅有289个座位,2号厅为18座VIP小厅,全部采用三光路三维数字化放映,配备视科Christie高端放映设备、JBL立体声还音系统等专业设备。观影时,观众能在感受真实的三维画面的同时享受科技与艺术融合一体所产生的魅力。在影城一楼大厅,还设有7块液晶显示屏幕,滚动播放电影片花和科普宣传片,整体氛围科技感十足。

未来,科学会堂还会有什么新的创意和变化?让我们翘首以盼。

桥梁·资源库·联络站
——澳华科学技术协会

文 / 林森木

改革开放以来，中国经济迅速发展的同时，也迎来了人才快速流动的时代。随着海外华侨华人呈现出高学历、高技术、精英化的特点，大批以新华侨华人和留学人员为主的专业社团创建并进入蓬勃发展期。这些社团拥有大批掌握一定技术或取得一定社会地位的华裔专业人士，不仅成为中国联系海外华侨华人的重要桥梁，而且成为中国与世界进行科技、文化、经济等交流合作的平台，发挥着海外"人才资源库"与"联络站"的独特作用。

澳华科学技术协会（简称澳华科协，Ausinan Science & Technology Society Incorporated，ASTS）就是这样一个海外华人科技社团。澳华科协在服务会员、支持会员融入主流社会的同时，鼓励会员积极参与华人社区的活动，并开展丰富多样的活动，努力为中国科技发展和中澳友谊作贡献。

澳华科协人才辈出

澳华科协于1999年1月15日在澳大利亚新南威尔士州注册成立，总部设在悉尼市，是一个以旅澳华人华侨为主体的科技界的联合组织，会员具有高学历，多在各大学、研究机构或科技企业担任高级职务。澳华科协的宗旨是促进科学技术的发展，推动学术教育活动，团结科技工作者和各方面学者，加强澳中科技文化交流，支持中国科教兴国战略。

澳华科协的会员中有不少因对澳大利亚科技发展作出突出贡献而赢得政府认可的专家。2003年，澳华科协名誉会长、澳大利亚技术科学与工程院院士、伍伦贡大学超导与电子材料中心主任窦士学教授被澳大利亚政府授予"在材料与工程领域为澳大利亚社会作出杰出贡献的世纪奖章"；2007年，澳华科协原会长、澳大利亚技术科学与工程院院士、新南威尔士大学学科卓越教授和机械工程学终身教授章亮炽因杰出的研究成果及其在工业生产应用中所取得的巨大经济效益，被澳大利亚"工业、创新和科研部"授予"B-HERT最佳研究开发奖"；2010年，澳华科协原副会长、澳大利亚科学院院士、澳大利亚技术科学与工程院院士、莫纳什大学副校长余艾冰荣获澳大利亚科学院Ian Wark应用科学领域终身成就奖，以及新南威尔士州2010年度科学家称号；2011年，澳华科协原会长、悉尼科技大学量子计算与智能系统研究中心主任张成奇教授获新南威尔士州工程、通讯和信息技术优秀研究奖。

澳华科协通过技术开发、创办实体服务华人，为华人发展助力。作为"南极星"中文软件发明人，

他山之石

▲ 澳华科协 2016 年年会

科技精英

澳华科协原副会长倪鸿波为中英文和其他语言之间全方位的信息交流作出贡献。澳华科协已故副会长金维周 2001 年在悉尼创办的信息技术强化学院（澳大利亚信息技术有限公司 ITIC），经过十余年的发展，已成为澳大利亚最知名的 IT 专业技术培训机构。他于 2006 年创办的澳大利亚技术银行（SkillBank Australia）将专业培训与职业介绍相结合，帮助数以千计的毕业生和专业人士，尤其是华人毕业生找到了理想工作。

搭建中澳科技交流与合作的桥梁

自创办以来，澳华科协就秉承其宗旨，通过与国内机构合办研讨会、组织会员回国讲学考察或参加创新创业活动等，服务祖国科技发展。

作为海外协办单位，澳华科协参与了欧美同学会·中国留学人员联谊会"21 世纪中国"系列研讨会的组织工作，是欧美同学会"报国计划"和中国科学技术协会"海外智力为国服务行动计划"的发起组织单位之一。

澳华科协在 1999 年正式成立后，即组织全澳华裔科学家出版论文集《迈进科技新纪元》，庆祝中华人民共和国成立 50 周年。澳华科协还多次通过组织人员参加中国各类科技交流活动，在澳举办各种高层次人才座谈会、科技商贸洽谈会等，不断深化两国科技教育文化交流。2006 年，澳华科协承办了首届"澳中科学、技术和教育研讨会"，扩大了澳中交流和华人在当地的影响；2009 年，澳华科协在悉尼承办欧美同学会·中国留学人员联谊会第十一届"21 世纪中国：海外留学人员服务祖国科学发展"研讨会；2011 年，澳华科协协办大连海外高层次人才（悉尼）洽谈会，吸引上千高层次人才参会，创下澳人才招聘会多项纪录；2012 年澳华科协与北京中关村科技园管委会共同承办"全澳华人高端人才峰会"。

澳华科协的会员们也通过各种方式，为中澳科技、教育、文化、商贸交流牵线搭桥，取得了成效。2008 年，原会长金声获得中国教育部和科技部举办的第三届"春晖杯"中国留学人员创新创业大赛一等奖；原副会长、澳中文化教育交流中心主任蒋凡 20 多年来安排中澳两国文化、教育、科技、经贸等代表团数百个，被澳大利亚新南威尔士州教育部誉为"澳中文化教育交流的桥梁"。现任会长习江涛积极推进中澳高等院校合作办学。作为伍伦贡大学代表，2004 年、2013 年他分别参与创办了该校与郑州大学和天津工业大学的合作办学项目，他参与创办的华中师范大学与伍伦贡大学联合研究生院于 2016 年得到中国教育部的批准，由他兼任该院澳方院长职务。副会长关晶作为项目负责人，促成北京碧水源科技股份有限公司落户中国境外首个火炬创新园区——新南威尔士大学火炬创新园，使之成为中关村国家自主创新示范区入驻该火炬创新园的首家企业，成为海归人才引领中国企业走向世界的成功范例。

更多会员发挥所长，以自己的专业知识和聪明才智为祖国发展服务。首任会长孙君泓和名誉会长窦士学是中国科学院首批聘任的海外评审专家及国务院侨办首批聘任的海外专家咨询委员会委员，原会长童世庐是中国科协海智专家，原会长王军 2010 年入选中组部国家"千人计划"。更多会员在中国高校和研究机构担任客座教授或客座研究员、长江学者、春晖学者、"千人计划"专家等，承担两国政府间或单位间的科技合作项目。

上海市科学技术协会与澳华科协的友好交流

2014年4月，以上海市科学技术协会党组书记、副主席杨建荣为团长的上海市科协代表团一行5人应澳华科协邀请访澳，双方亲切会谈。澳华科协董事会主席孙君泓，副会长金维周和卢彩玲，原会长、董事会成员金声和张成奇，原副会长蒋凡博士，创会理事张平，澳大利亚中国大学校友会联盟副主席封启洪等参与会谈。双方就科技研发和科技服务，如何利用国资海外投资项目创办科技展示馆等进行了协商，并就"引进海外智力为国服务项目"签署友好合作协议。

2015年8月12日，在中国（上海）自贸试验区海外人才离岸创新创业基地揭牌仪式上，澳华科协作为离岸基地首批海外合作伙伴与基地签署了合作备忘录。

2016年11月，澳华科协推荐项目来沪参加了首届海外人才上海自贸试验区创业汇活动。

上海市科协与澳华科协在合作备忘录框架下，合作开展学术技术交流、创新创业活动，为中澳专家牵线搭桥，促进专业交流和合作，助力上海具有全球影响力的科技创新中心建设。

▼ 上海市科协与澳华科协签署友好协议

图书在版编目(CIP)数据

科技精英2 / 杨建荣主编. -- 上海：上海科学普及出版社, 2018.1
ISBN 978-7-5427-7058-5

Ⅰ.①科… Ⅱ.①杨… Ⅲ.①科学工作者—先进事迹—上海 Ⅳ.①K826.1

中国版本图书馆CIP数据核字（2017）第267194号

策划统筹　蒋惠雍
责任编辑　俞柳柳
特约编辑　王佩英
装帧设计　姜　明　王培琴

科技精英（2）
杨建荣　主编
上海科学普及出版社出版发行
（上海中山北路832号　邮政编码 200070）
http://www.pspsh.com

各地新华书店经销　　上海中华商务联合印刷有限公司印刷
开本 889×1194　1/16　印张 4.75　字数 150 000
2018年1月第1版　2018年1月第1次印刷

ISBN 978-7-5427-7058-5
定价：48.00元
本书如有缺页、错装或损坏等严重质量问题
请向工厂联系调换
联系电话：021-59226000